中国人的姓氏

郑子宁 著

上海文化出版社
SHANGHAI CULTURE PUBLISHING HOUSE

果麦文化 出品

目录

第一章　姓氏与宗族：中国姓氏的起源与传承
　　如何区分同名的人　　01
　　悠久的姓氏传统　　04

第二章　姓氏里的遗传密码：Y染色体与姓氏分流
　　姓氏传承的生物学原理　　06
　　姓和氏的起源与分流　　17

第三章　凋零与兴旺：数学规律下的绝嗣
　　绝嗣——数学规律下的必然　　28
　　用穷举法证明绝嗣　　30
　　用概率论证明绝嗣　　36

第四章	超级父亲：中国三大姓的崛起	
	"超级父亲"的前世今生	053
	中国三大姓——李、王、张发迹史	061

第五章	瓶颈与奠基者：姓氏的地域分布与迁徙	
	迁移过程中的两种效应	083
	南方大姓——陈、林、冯迁移史	089

第六章	同姓不同宗：同一个姓就是同一个祖先吗	
	滴血认亲有效吗？	106
	名人后裔争夺战	108

第七章	异姓本一家：人在家中坐，改姓天上来	
	虚心纳谏与姓氏分拆	114
	口音趣事与强制改姓	123

第八章	你会读姓吗：姓氏读音知多少	
	这个姓怎么念？	130
	方言对读音的影响	131
	不同来源，不同读音	151

第九章	优雅的复姓：复姓的来源与演变	
	复姓的出现与分布	172
	复姓的拆分与合并	176

第十章	冠以中国风的姓：外来姓氏的融入	
	吴郡陆与鲜卑陆	179
	北魏改姓事件	187
	西域来客改姓记	200

第一章
姓氏与宗族：中国姓氏的起源与传承

如何区分同名的人

中国的姓氏传统是全世界最古老、最有连续性的姓氏传统之一。两个原本互相不认识的中国人相见，头几个问题必定包括"贵姓？"姓在中国人的生活中是如此重要，很多时候，我们甚至可以不知道一个人的名，但是对他的姓一清二楚。

我们可以设想一下，如果没有姓，那会是怎样的一个场景：中国人口众多，如果只看名字的话，重名现象会非常严重。而且名往往会受到一时风潮的影响。譬如近些年，男名就颇为流行"子轩"或者同音的"梓轩"。假设不以姓氏作为区别，一个中小学班级里可能就会有两三个难以区分的"子轩"，必然会逼得其他同学通过起绰号等方式来加以区别。有了姓氏，重名的问题就可以大大缓解。虽然一个班上可能有三个"子轩"，但是一个姓李、一个姓张、一个姓周，那就可以区分了。

这也正是姓氏产生的原动力,即提高人的区分度。当然,姓氏的使用只是提供了一种区分的方便之门,这种区分并非是必要的,人们可以通过种种其他方式处理重名问题,甚至不予理会也不是完全不行。并非所有的文化都像中国文化这样重视姓氏,世界上至今仍然有许多国家的人不用姓称呼。

我们的近邻,人口规模达数千万的缅甸缅族至今都不使用姓氏区分。缅甸人名在中国往往被翻译为"吴"某。这个"吴"并非是姓,跟中国的吴姓更是毫无关系,而是对缅甸语尊称ဦး(u:)的音译,意思大约相当于汉语的"先生"。庞大的人口加之不用姓氏区分,导致缅甸重名现象相当严重,但是这似乎并没有妨碍缅甸社会正常运行。

阿拉伯人区分重名的方式相当行之有效。传统上中东地区的阿拉伯姓名相当复杂,完整形式的阿拉伯人名当中往往会包括父名。也就是说,一个人完整的名字除了自己的之外,也会加上父亲的名字,这就很大程度提高了名字的区分度。此外阿拉伯名字还会附加上نسبة(nisbah),即表示一个人出身的家族、地区或职业的名字,这部分和中国的姓氏略有共通之处,倘若这还不够,甚至还会包含长子、长女的名字(这种现象在中国也会有,如把某人称作"某某爸""某某妈")。

和阿拉伯人一样,父名在俄罗斯人名中也占据重要地位。

俄罗斯人的姓名一般由三部分组成：自己的名字、父亲的名字和姓氏。俄罗斯人的父名加在自己的名字后面，男性一般是父亲的名字加上 -ович（-ovyč），女性则是加上 -овна（-ovna），从来源上看，这个后缀是表示所有和小称的两个词缀的结合，即"某某（父名）的小……"父名之后才是真正的姓氏。这样的父名其实也是一些文化中姓氏的起源，比如今天的英语当中有大量以 -son 结尾的姓氏。譬如 Anderson、Paterson 之类，这里的 -son 就源于表示儿子的 son，最开始使用这个姓的人父亲就叫 Ander 或者 Pater。除此之外，如 Fitzgerald、MacDonald、O'Brien 之类的英语姓氏，Fitz-、Mac-、O- 也分别是来自诺曼法语、苏格兰盖尔语和爱尔兰语中表示儿子或者孙子的词，追根溯源也是来自父名。甚至在中国，也有一些姓氏来自父亲或祖辈的名字。如国姓有部分是春秋时期郑国公孙侨的儿子的后裔，他以自己的祖父，即公孙侨的父亲公子发的字"子国"为氏。在苏南地区较为多见的恽姓则把祖先追溯到西汉时期的杨恽，他的儿子以父亲的名为氏。

在种种区分同名的方法中，中国人早早就坚定选择了依靠父系代代相传的姓氏。中国的姓氏传统在全世界范围内可说是独树一帜，特点相当鲜明。中国姓氏发源极其古老，且极其稳定，除非有特殊情况，否则不会轻易更动。现今我们所使用的姓氏大多有两千年以上的历史。《史记》《汉书》中各路人物的姓与今天中国人的姓并无二致,甚至今天的大姓格局也早在那时就已经大体奠定。

相比而言,今天的欧洲国家,其使用姓氏的历史也远远不如中国古老。尽管早在罗马时代,罗马人名中就有类似姓氏的成分,但是这些姓氏在中世纪并没有传承下来。今天意大利人的姓氏几乎没有沿袭自罗马时代的。其他欧洲国家的就更不用说了。

悠久的姓氏传统

中国姓氏的另一个特点,就是早早普及到了社会各个阶层,自古以来中国大部分人都有姓。就算是同属于汉字文化圈的日本、朝鲜半岛和越南,姓的普及度也远远不能和中国同日而语。在这些国家,姓在近代以前基本是贵族的标识,平民百姓则一般不用姓,这和中国姓氏的状态截然不同。为何唯有中国如此?这与秦朝建立的"编户齐民"户籍制度有关,中国建立了严格的户籍管理制度,对民众迁徙进行管控。由于户口制度的要求,每一个诸侯国管辖下的户籍居民都有了自己的姓氏。

相对而言,其他国家的姓氏普及是非常晚的事情。在日本，人们普遍拥有姓氏是来源于1875年的《平民苗字必称义务令》，因此日本大量姓氏是此令颁布之后仓促创造的。在朝鲜半岛，近代之前的姓氏则是两班贵族的专属，平民百姓并不使用。在越南，则是到了近代平民百姓才普遍取姓。而且越南姓氏变动的自由度比中国大得多。阮姓在越南长期为许多肱骨之臣的姓氏，即便是改朝换代，上位者往往会将姓氏改为阮姓：李朝的李姓到了陈朝改姓阮，陈朝中间被胡朝篡位，拨乱反正后胡姓又改阮姓，莫朝灭亡后莫氏也改姓阮姓，越南北方郑主政权灭亡后，又有不少郑姓改阮姓。到了19世纪，阮朝姓氏开始向平民普及，阮姓作为国姓可以享受优待。由于越南并没有禁止普通百姓取当时王室的阮姓，加上阮朝到处赐姓，因此接近一半的越南人姓了阮。由于越南姓氏太过集中，难以起到区分的作用，反而导致越南人在大部分时候称名不称姓。在一些地区甚至有习俗，女儿的姓用父亲名字中间的一个字，儿子才能传承家族本姓，这种对待姓氏的自由态度和中国大相径庭。

毋庸置疑，中国古老的姓氏传统在全球范围内也是不可多得的文化遗产。代代传承的姓氏为我们了解中国人的起源、发展、迁徙提供了一个持续几千年的、由全民参与建设的巨大数据库。而在今天，分子生物学的发展又为中国姓氏提供了全新的视角。

第二章
姓氏里的遗传密码：Y染色体与姓氏分流

姓氏传承的生物学原理

中国姓氏本质上来说是一种跟随父系传递的标识，这也是全世界使用姓氏的大多数国家的共同特征。这可能和古代多数文化中男尊女卑的观念，和以父系家族为主的社会结构有关。少数国家如西班牙则略有不同，西班牙人会继承父母双方的姓，不过在向下一代传递时，往往只取父姓，而把母姓忽略。因此长期来看，这实际上仍然是一种父系传递的标识。

由于姓氏沿着父系传递，理论上讲，在传统中国宗族社会里的大家族中，每个成员都可以追溯到古时共同的父系祖先，因此自古以来就有同姓"五百年前是一家"的说法。在历史长河中，未必每个小家庭都能保存自己的家谱、清楚地说出自己几十代的祖源，但是姓则容易保留得多，因此姓氏就成为中国人最有效的攀亲方法，即所谓"同姓三分亲"。

在现代之前，姓氏可以说是建立血缘关系最为有效的手段。然而随着时代的推移和科学的发展，尤其是分子生物学的进展，我们发现实际上还存在一个比姓氏更有效、更可靠的工具，这种判断血缘的利器就是Y染色体。

学过一点生物学的人都会知道人类的性别是由染色体决定的。女性的性染色体为XX，男性则为XY，人体有23对染色体。我们的各种遗传特征就以基因编码的形式储存在这23对染色体中，其中22对是常染色体，并无性别差异，还有一对染色体，则男女大不相同。这对染色体起着决定性别的重要作用，它们被称作性染色体。女性的这对染色体两条基本一致，就称XX；男性则明显一大一小，就称XY。生物学上性别的起源很早，不同生物也有不同的性别决定方式。有些生物如乌龟和鳄鱼，性别纯粹是由孵化时的温度决定的，两性染色体基本一致。有些生物如大多数鸟类则和人类相反，雄鸟的性染色体是一对同态的，称为ZZ染色体；雌鸟的性染色体则一大一小，称为ZW染色体。大多数哺乳动物则和人类一样，性染色体为XY性别决定系统。

和其他XY性别决定系统的哺乳动物一样，人类的繁衍也是采用有性生殖的方式。原始的单细胞生物繁殖时一般直接采用细胞分裂的形式，一个母细胞分裂成两个子细胞。在人体中,很多细胞在需要增殖时也是采用这样的策略。不难想象,在这个过程中,如果染色体不加以处理,每个子细胞就只能分到母细胞一半的染色体,长此下去肯定会功能严重失调的。因此体细胞正常分裂产生新细胞时,母细胞会复制染色体,来让子代细胞的染色体数量和母细胞一致。

但是在生殖细胞,即精子和卵子形成时,会经过一次减数分裂。简而言之,细胞分裂时每对染色体随机抽取一条,最后形成的精细胞和卵细胞就只有23条染色体。当精细胞和卵细胞结合后,两个细胞的各23条染色体又凑成了23对染色体。这就是有性生殖。由于男性的性染色体为XY型,在减数分裂过程中,有些精细胞分到了X染色体,有些分到了Y染色体。女性的卵细胞则只会有X染色体,精细胞和卵细胞结合后的胚胎的性别,就由精细胞提供了哪种染色体来决定。

这样的有性生殖方式可以让子代相比父代更多地发生基因上的改变,增加族群的基因多样性,有利于适应环境选择的进化。相对来说,采取无性生殖的生物,子代和父代的基因几乎完全一样,只有偶然发生的突变才会造成基因改变,当环境发生变化时,就很容易因为基因多样性不足导致难以适应,甚至全军覆没。

不难想象,我们细胞中的每对染色体都有一条来自父亲,一条来自母亲。但是如果再向上追溯，事情就不仅仅那么简单了。由于减数分裂时的随机性，我们继承自母亲的染色体有的会来自外祖父，有的会来自外祖母；同理，继承自父亲的染色体则有的会来自祖父，有的会来自祖母。至于四位祖辈各自贡献了多少条染色体，则并无定数。让事情更加复杂的是，为了能够获得更高的基因多样性，有性生殖的过程中还会发生基因重组。即我们生殖细胞的减数分裂过程中，某条染色体并不是完全来自父亲或是母亲，这一条染色体在减数分裂完成前会发生基因重组，即和与它配对的另外一条染色体交换部分基因，最后进入生殖细胞的染色体中会有部分基因来自父亲，部分基因来自母亲。

我们可以看出，减数分裂的机制决定了虽然一个人的基因一定是一半来自父亲、一半来自母亲，但是这一半来自父亲的基因，并不是四分之一来自祖父、四分之一来自祖母，而母系也同理。按照统计学的理论，甚至有可能发生这种事件：在一个人的基因当中，来自父亲的基因全部来自祖父，祖母的基因则完全没有遗传到，尽管事实上发生这种事的概率几乎为零。

经过世代传承，一个人本来的染色体在遗传过程中就会散得七零八落。虽然在一般情况下，仍然可以通过常染色体的基因追溯一个人的祖源，但其结果就往往有一定的模糊性。

Y染色体则是一个突出的例外。由于Y染色体在进化过程中不断丢失基因，现今的Y染色体除了决定男性的性别，已经丧失绝大部分的基因功能。Y染色体除两端的片段，主体部分已经无法和X染色体进行基因重组。在减数分裂的过程中，Y染色体的核心部分因此就只能以完整的形态传递到精细胞。因此，粗略地说，男性的Y染色体只能来自父亲，而父亲的Y染色体又只能来自祖父。现今所有男性的Y染色体都是来自生物学上的直系男性远祖。如果拓展一下思维，就会发现其实Y染色体的这种标识和通过父系传递的姓氏的功能非常类似。

相反，在卵细胞生成过程中，既可以传递来自父亲的染色体，也可以传递来自母亲的染色体。此外，女性的两条性染色体仍然能够顺利配对并进行基因重组，就和其他22对常染色体一样。男女的性染色体的不同，导致女性在基因上比男性有更高的冗余。这可以在一定程度上弥补细胞分裂时有时会出现的涉及整条染色体的重大错误。这些错误源自染色体没有正常分离到子代细胞中，有的生殖细胞可能会较少分到染色体。如果X染色体不幸出现了缺失，由于缺乏备份，只有Y染色体的男性胚胎会在胚胎阶段就直接死亡，女性则由于有另一套X染色体，在缺失一条X染色体的情况下仍然能够长大成人，只是会有种种遗传病表现，称为"特纳综合征"。反过来说，生殖细胞也可能会多出额外的染色体，臭名昭著的常见遗传病唐氏综合征，就是第 21 对染色体有三条，导致患者出现各种严重生理失常。这种由于染色体不正确分离导致卵细胞为非整倍体的现象，在人类女性的卵细胞中其实颇为常见，女性卵子中有 25%—50% 会发生这样的问题。幸运的是，多数情况下这种极端严重的基因错误会导致胚胎无法成活。

相对来说，男性精细胞虽然也会出现非整倍体的现象，但是概率要小得多。然而这并不意味着精细胞就不会出现错误。恰恰相反，相对于出现基因复制，精子形成甚至是一个"错误"的过程，它是一个不断缺失的过程。

我们的基因由一个个碱基对排列组成，这些碱基分为四种，即腺嘌呤（A）、胸腺嘧啶（T）、鸟嘌呤（G）和胞嘧啶（C），正常情况下这样的碱基对遵循非常严格的配对规则，即腺嘌呤一定和胸腺嘧啶配对，鸟嘌呤一定和胞嘧啶配对。这些碱基对会排列组成一个双螺旋结构。细胞分裂时，这种双螺旋结构拆开变成两条单螺旋序列。当基因复制的时候，这两条拆开的单螺旋上的每一个碱基再和新的碱基按照固有规则配对，这样本来的一套双螺旋就变成了两套双螺旋。

这种配对一般来说是比较精准的。但是就如人在工作中偶尔会出现疏失，机器运转过程中会出现bug，负责复制基因的DNA聚合酶有时候也会出现配对错误。这种错误大约在每复制10000—100000个碱基时出现一次，算得上是个小概率事件。不过人体仍然有其他方式让复制错误问题的影响更小。比如，有些DNA聚合酶有复查能力，假如不慎出现配对错误，DNA聚合酶会在复查过程中发现问题，随即回退一步，并把配好的错误核酸切走。在DNA聚合酶自查后，新生成的DNA还会被另外的酶再次检查，如果发现了未被检查出来的复制错误，则会在适当位置切掉含有错误核酸的一段DNA，DNA聚合酶会再次复制新的DNA。

在诸多检查机制下，人类的基因复制是个相当精确的过程。维持基因复制的准确性很重要，我们遭遇的一些疾病，如癌症正是由于基因出错造成的。基因是编译蛋白质的编码，在一段基因激活之后，就会通过生化过程最终合成身体所需要的蛋白质。在很多时候，这样的小错误对于合成的蛋白质的功能不会产生明显的影响。但是假如基因的改变造成蛋白质合成的失常，产生功能不正常的蛋白质，则就会给人的健康带来重大问题。在尽量确保复制不出错的同时，人类的免疫系统也会在出错的情况下予以补救，譬如出现基因复制错误的细胞就有可能被免疫系统识别并扼杀。

全基因组复制时大约会产生 0.3—3 个没有被抓到的错误。从受精卵到成为成年人会经历大约 47 次基因组复制，共有 14—140 个基因发生突变。一个生殖细胞的基因组平均大约会含有 30 个突变。当然，不难想见随着年龄增长和细胞的持续分裂，基因突变也会逐渐累积。

很多情况下，这样的基因突变也未必会传到下一代。假如突变没有涉及生殖细胞，则下一代并不会继承到这样的突变。要影响到生殖细胞，不但突变的发生要相对早，而且在基因重组以及减数分裂等过程中也不能被筛除。同时这个突变也不能有严重到会导致胚胎死亡的负面影响。

Y 染色体就是这样一个基因突变的温床。人类女性一生所有的卵细胞早在胚胎时期就已经形成。正常女性一生大约只会有 400 多个有效的卵细胞最终参与繁殖过程。与之相反，一个正常男性每天都会产生 1 亿个精细胞。这些精细胞都是由一种干细胞，即精原细胞分裂得来。在最终产生精子前，精原细胞会进行多次的有丝分裂以满足数量庞大的产精需求。精原细胞单次复制基因时出错概率比其他细胞还要低一些，这大概是由于精子形成过程中需要不断多次复制产生的对冲机制。尽管如此，在概率累加的作用下，人类从父亲那里遗传到突变基因的概率还是比母亲大得多（高出 4—6 倍）。

Y染色体是一条很小的染色体，基因突变的概率事件未必会落到这条染色体上。假如Y染色体发生了基因突变。生物进化已经让人类在内的大多数雄性哺乳动物适应第23对染色体上的大部分功能性基因只存在于X染色体。Y染色体上的DNA除了控制性别和雄性生育能力的基因，充斥着大量重复而且功能不明的"垃圾序列"。因此Y染色体上的碱基对突变以后造成的影响一般很有限，多数情况下不会因为造成携带者死亡或者无法繁殖自动从人类基因组中清除。严格来说，由于概率问题，大多数突变发生的位置都在这些"垃圾序列"上，并非"基因突变"，但是就父系溯源来说，这些垃圾序列上的随机突变却有非常大的价值。

　　Y染色体拥有一个非常重要的特质，其他的染色体可以通过基因重组把突变的碱基对置换掉，而Y染色体不能轻松地和X染色体交换序列。由于X染色体和Y染色体胡乱重组会导致诸多不良后果，进化使得X-Y基因重组会被抑制，Y染色体只有首尾大约5%的区域可以进行基因重组。因此Y染色体大部分区域会存留着已经发生的突变。今天的Y染色体之所以比X染色体短了那么多，其原因就在于历史上发生过一些删除突变的过程，导致基因丢失。在漫长的进化过程中，Y染色体已经丢了本有的1438个基因中的1393个。

因此，作为突变温床的 Y 染色体，就会忠实地记录一个男性从父系祖先到自己所经历的所有突变。这样的突变以大体一致的速率进行。至于这些突变能不能被检测到，就得看测序技术水平，通过确定的亲属关系反向推算。当前一般技术条件下，Y 染色体大约每五六代人，即 140 年左右会出现一次可检测到的 SNP 突变。通过检测男性 Y 染色体上的突变次数，我们就可以推测两个男性的共祖关系。

这种分析听起来可能很复杂，其实只需要遵照简单的逻辑关系对发生突变的碱基对进行分析即可。Y 染色体上的碱基对突变可以分为上游和下游。在搜集了足够多的样本之后，我们可能发现一批沾亲带故的男性全部共享某个 Y 染色体上的甲突变，但是其中只有一部分会有乙突变。属于乙突变的那部分人有一部分又会有丙突变。然而没有乙突变的人，虽然可能会有其他突变，但是不会有丙突变。

这样一来，这批男性的共同祖先在某一代（A）发生了甲突变，这就是上游的突变。发生了甲突变之后这个家族的某个男性后代（B）发生了乙突变，但是他的兄弟们并没有发生乙突变。因此只有 B 的后代才会有乙突变。B 的后代中 C 又发生了丙突变。甲、乙、丙三个突变就是上下游的关系，只有拥有上游突变的人才会拥有下游的突变。B 的兄弟们的后代并无B身上发生的突变，因此更不可能有B的后代才会有的新突变了。由于Y染色体突变的速率较为恒定，甚至还可以根据二者Y染色体上的突变情况和这些突变之间的关系判断出两个男性的共祖大概距今多少年。

单个碱基对在一代男性的Y染色体上出现突变的概率大约为3000万分之一。尽管理论上存在某个碱基发生两次独立突变或者凑巧变回原来的可能性，但是这样的事件出现概率极低（大约九百万亿分之一），而且也可能通过分析其他突变予以排除。毫无疑问，研究Y染色体上的突变是一种极其可靠的确定父系血缘关系亲疏的工具，甚至可能比自古以来的姓氏更加可靠。

那么，这种21世纪的新工具又会给中国人的姓氏问题带来哪些新的视角呢？

近年的研究使得我们已经把全世界的Y染色体出现的突变予以归类总结，判断各种突变的上下游关系，从而形成一个树形结构的Y染色体单倍型进化树。

在一个理想世界里，Y染色体单倍型和姓氏传承上有高度相似性。假如同姓五百年前是一家确为事实，则同姓的Y染色体单倍型应该较为相似，至少应该比异姓的更相似。

在实际生活中，同姓到底是不是一家，这是很难保证的。一般来说，如果是居住地接近的同姓乡里乡亲，则可能会清楚记得两人在若干代前是一个老祖宗，但是如果碰上远方来的同姓，在没有宗谱的情况下，就很难确认双方是不是同宗同源，如果是同宗，又是多久之前分化的呢？在这点上，中国姓氏的发源古老反倒未必对溯源有帮助，而是制造了诸多困难。反例则是泰国的姓氏。泰国姓氏普及于20世纪初，1913年，泰国要求全体国民采用姓氏。当时造姓的要求是长度不得超过十个泰文字母，以及不得和已有姓氏重复。以20世纪初期的科技水平，这个要求可能有些过于超前了。在计算机未普及的年代，让全国人民造姓不重复是个难以完成的任务。不过至少从原理上来说，假设这样的要求得到良好贯彻，泰国的所有姓氏都应该有且只有一个来源。从今天的情况看，目前姓氏完全一样的两个泰国人确实很少不沾亲带故，因此假如有人根据姓氏大规模测试泰国男性的Y染色体序列，由于从取姓发展到现在刚刚过百年，绝大多数同姓男性Y染色体单倍型之间应该几乎一致或者只有极少数突变。

姓和氏的起源与分流

中国的姓氏情况则相当不同。我们的姓氏历史要悠久得多,其形成过程大体也是自然产生而非泰国式的人工规划。这里我们还是应该简要介绍一下中国姓氏的起源。尽管今天的中国社会姓与氏可以算是基本相同的概念,但是在上古时期这两者则有一定的区别。

从中国历史来看,姓的起源远远早于氏。

"姓"字早在甲骨文时代就已经出现,当时的写法已经由"女"和"生"组成,只是有的写法是女在左边的"姓",有的写法则是女在右边的"牲"。这个字是一个形声字,以"女"为形旁、"生"为声旁。

就上古汉语的词源来看,毫无疑问"姓"和"生"有很密切的词源关系。上古汉语构词时有个很有意思的特点,即很多动词如果变为去声(普通话声调的第四声)就变为名词。这样的构词方式许多一直沿用至今。譬如"处"的两个读音[处(chǔ)于/处(chù)所],"藏"的两个读音[躲藏(cáng)/宝藏(zàng)],"量"的两个读音[测量(liáng)/数量(liàng)]都是作为名词的去声读音由其他声调的动词派生。

有时,这样的派生除了声调变化,也会有一些其他的音变,"姓"就是这样一个例子。它是由"生"派生的名词。姓的产生当然和生育密不可分。至于为什么形旁是"女",则大概是因为女性在生育后代方面的主导地位。公认的早期姓也多有女字旁,如妊、姬、姜、姒、嬴、妘、妫、姚，这些姓合称上古八大姓。至于是否能够就此推论上古中国的姓有过通过母系传承的阶段，只能说以目前的各类证据看，中国的姓在有记录时就已经是父系传承的了。西周的金文中"姓"的写法甚至会把女旁换成单人旁，只是在后来在标准化的汉字里又换回了女旁。没有可靠的证据表明中国的姓在更古老的时代曾经沿母系传承。

事实上，上古的古姓也并非全部都是女旁。商朝国姓的"子"、楚国国姓的"芈"，都不以"女"为形旁（不过在周朝金文里，楚国的国姓其实是"嬭"，"芈"有可能是他国故意写成一个表示羊叫的同音字）。子姓也有认为在商朝时有两种写法，用于男性时就是子，用于女性时就是好，如商王武丁时期著名的女将军妇好，就有观点认为"好"就是表示她的姓，妇好出身于商朝宗室，也是子姓，只是身为女性，因此加了女字旁，严格来说"好"在这里不应该读"好"，而应该视作"子"的异体字，甲骨文中偶尔也有写成"妇子"的。这种加不加女字旁两可的做法或许是后来的上古八大姓多有女字旁的原因。

上古姓起源于血缘和部落的标识。有些姓如"姜"就和商朝甲骨文里面经常出现的"羌"关系密切，甚至可以看作是一个字的分化，显然此时"姜"姓是属于"羌"人的标志。姓不但可以分辨亲疏远近，也可以在婚姻关系中避免近亲结婚的问题。如鲁国（姬姓）的鲁昭公曾经娶了一位吴国（姬姓）的夫人，称为吴孟子。按照春秋时的习惯，对女子的称呼会附上姓，如齐国（姜姓）齐僖公出嫁的两位女儿分别称为宣姜和文姜。但是作为姬姓的鲁昭公迎娶同为姬姓的吴孟子，可以说是不符合当时伦理的丑闻，因此也就没有大刺刺地加上吴孟子的"姬"姓。这桩丑闻在孔子周游列国时仍然被陈国的司败旧事重提，他质问孔子昭公知不知礼的问题，并且讥讽昭公"君而知礼，孰不知礼"。

随着中国疆域的扩张和人口的增长，本来的几个大姓已经很难提供足够的区分度。譬如周朝成立后，从北方的燕国到南方的吴国都为姬姓。颇有今天越南或者朝鲜半岛几个大姓一统天下的架势。在这样的区分压力之下，一种新的区分家族的方式——氏就产生了。

对于周朝的大多数诸侯国，尤其是诸侯国的公室来说，最方便的取氏方法无疑就是用诸侯国的名字。由于诸侯国名多来自地名，这批氏也就是从地名得来。这也是今天中国姓氏最重要的来源。春秋战国时期的主要诸侯国名在今天基本都可以作为姓氏，不少还是大姓。对于采用分封制的周朝社会来说，各诸侯国又会进一步封地，这些封地的地名可以继续演化为氏。

姓氏在先秦时期区分还是比较明显。如上面同姓不婚的禁忌本是只限于姓的，理论上说先秦时期由于女子一般不称氏，就无所谓同氏不婚。姓氏合流后同姓不婚扩展到氏。对于分不清谁是堂亲谁是表亲的许多年轻的中国人来说，假设家里的亲戚姓氏都按照一般规律随父，则同姓的就是堂亲，否则就是表亲。中国古代流传的诸多才子佳人的故事，里面颇有姑表亲和姨表亲喜结良缘的情节，但是绝对不会有堂亲结婚的。依照现代科学来看，姑表亲姨表亲和堂亲的亲缘程度其实是近似的，这个禁忌虽然有科学性，但是也有传统习俗的影响。

春秋时期一般对男子称氏不称姓，以示尊重。具体使用时，氏和名经常可以连用，氏在前，名在后。这符合汉语修饰语放置在中心语前的语法习惯，如春秋时期著名的齐相管仲，祖先出自周室，姬姓，先祖被封到管地，所以以"管"为氏。管仲就可以理解为"来自管的仲"。但是姓和名一般不会这样连用，所以像后世《封神演义》等小说直接称周武王为姬昌、周公为姬旦，其实并不符合当年的习惯。对女子而言，姓也习惯放在名的后面，如秦穆公嫁到晋国去的几个女儿就有叫辰嬴、文嬴的。但当时，楚国等江汉地区的诸侯国可能已经出现了姓在名前的现象，如春秋中期楚国嫁给随国的一位女性，就既可以叫加嬿，又可以称嬿加。这个使用习惯后来逐渐也被中原地区采纳，为后来的姓氏文化的长河作好了铺垫。

在当时，氏一般是较有身份的人所使用的，只有这些人才会有自己的封地。今天欧洲一些古老贵族，其家族的姓氏往往也有这个特征。如法国的 de X，德国的 von X，X 基本都是这个家族以前的封地。当然，也有家族只是单纯来自这个地方而已，并不是当地的地主，如荷兰的 van X 就多半如此，很少和古代贵族有关。

在周朝，姓相对比较稳定，氏的变动则相当自由。譬如晋国的羊舌氏，本来出自晋国的公族。晋国一开始被封在唐地，后来迁到晋地。春秋时期应该多以晋为氏，三家分晋后大部分人改以古名唐为氏。羊舌氏的祖先伯侨是春秋早期晋国国君晋武公的儿子。伯侨的孙子突封为大夫时封邑为羊舌邑，因此这一支就改以羊舌为氏。突的孙子叔向被封到杨邑，因此他的后代又为杨氏。同一家族虽然姓维持姬姓，氏则前后换了好几个。

氏的产生源于更高的细分压力，这在疆域广阔、人口众多的社会更加常见，古罗马社会的姓名制度就和中国有着惊人的相似性。中国的名字是个开放的系统。尽管时常有人吐槽现在的家长起名都是一个套路，但是比起譬如英语国家几十个名字包打天下的情况，中国人的名字还是相当丰富的。

和中国不同，古罗马时代人名（praenomen）的数量非常有限，男性常用的名字一共只有 12 个。如果不用姓来分别的话，谈到某个 Marcus 或 Aulus 则对方很有可能难以判断说的到底是谁。雪上加霜的是，古罗马社会还有一个习惯，即传统上一个家族一般来说只会用少数几个固定的名字。有的家族男性成员的名字甚至只会从三个中选择一个。

对于日渐扩张的古罗马，光有名字显然是不够的。罗马男性名中也有一个非常对应姓的部分称为 nomen。这个"姓"主要来自古代的部落名。nomen 是 nomen gentilicium 的简称，后者来自于 gens 一词，即家族/部落。拥有 nomen 是罗马公民身份的标识，其重要性甚至超过名。在早期罗马社会，不少女性只有 nomen 而无 praenomen。如著名的凯撒大帝的 nomen 是 Julius，他的两个姐妹的 nomen 都是 Julia（和 Julius 为阴阳性区别），这是这两个姐妹唯一的名字，和中国旧社会有些女性只称"某氏"异曲同工。

随着罗马继续扩张，有的大家族规模发展到数千人之多，光有"姓"也已经不够了。罗马男性名中又加入了第三个成分 Cognomen。Cognomen 和中国的氏就比较类似了，用以表示家族内部的分支。和中国的氏不同的是，罗马的氏名除类似中国氏名那样包含地名、职业等信息之外，还有不少是关于某位祖先的身体特征的，即绰号。罗马上层社会的男性一般互相以cognomen来称呼。譬如著名的凯撒（Caesar）就是一个氏名，凯撒自己声称这个氏是非洲语言的"大象"之义，因为他的祖先曾经杀死过一头大象。演说家西塞罗（Cicero）的氏则是"鹰嘴豆"的意思，这是因为其某代先祖鼻头上有条凹缝，形如鹰嘴豆。公元212年，罗马所有自由人都被赋予公民权。新公民统统起了Aurelius为姓，造成了类似越南阮姓独大的状况，姓的区分度不足，因此氏的重要性就更加凸显了。

秦汉时期，中国的姓氏发生融合，本来的姓与氏的区别渐渐模糊。如秦始皇为嬴姓，名政，赵氏。早期的文献里还是写作赵正，三国时代的曹植就写成了后世常见的嬴政。甚至如司马迁这样的史学大家在姓氏问题上如果以先秦标准衡量也是失误连连。司马迁的《史记》里经常出现"姓某氏"的语句，甚至还有黄帝"姓公孙"。实际上公孙是春秋时期颇为常见的一个氏，诸侯国君的孙辈很多都以"公孙"为氏，但是这样的氏在当时人的眼里和以血缘关系为纽带的"姓"肯定沾不上边。

姓氏合流奠定了我们今天所熟悉的中国姓氏之基础。现今中国的大部分姓其实是来自古代的氏，在使用特点上也更接近上古的氏而非姓。但是今天的中国姓也沿袭了上古之姓轻易不改的特点，即中国老话说的"行不更名，坐不改姓"，尽管氏在上古时代有相当的自由度，一个人可以因为被封到某个地盘或任职一个新官职就有了新的氏，但整体而言，随着姓和氏的合流，中国的姓氏也就进入了相对封闭而固定的阶段了。我们今天所能见到的绝大部分姓氏在汉朝都已经产生了，我们现在所使用的姓氏大多也正是从那个时代的先祖传承下来的。

汉朝姓氏的自由度仍然比后世要高一些，坐不改姓的规矩越到后来越严格，但是在汉朝则未必是个大不了的事。哪怕是在汉末三国时期，有些姓氏更改之随意，在今人看来都有些无厘头。现今简姓有相当一部分出自耿姓，这部分简姓之人一般把自己的祖先追溯到三国时期蜀国的名臣简雍。简雍虽然早早跟了刘备在蜀汉任职，但他其实是河北涿郡人，本名耿雍。汉末三国时期，耿的发音大约是 greng，简的发音则是 gren。两者的读音相当接近，只是有前后鼻音的差别。当时的幽州方言有前后鼻音混淆的现象，幽州方言"耿"和"简"同音。大概是因为耿雍用自己的河北方言说"耿"的时候旁人听来像"简"，他就干脆把自己的姓改成了"简"。简雍是社会上流人士，又是名臣，当然不可能是文盲不会写字，被他人误写导致意外改姓。

改耿为简只能是他自己的主动选择，显然简雍完全没有祖宗之姓不可改的心理压力。相较而言，今天不少南方方言里王、黄同音，但是绝少听说有南方黄姓人士因此就随意改成王姓的。

无论如何，既然汉朝时中国的姓氏已经渐趋稳定，那么理论上说，一个姓氏在当下的 Y 染色体单倍型就应该能反映汉朝到现在的家族传承。同时，同源姓氏的 Y 染色体单倍型也会根据共祖关系呈现出不同程度的同源关系。

通过对今人以及一些考古发现的古人的 Y 染色体单倍型进行总结，可以发现其实中国姓氏确实有相当好的传承性。如汉朝皇室姓刘，而刘氏在先秦时期是名不见经传的小家族，之后发展成为全国排行前几的大姓，两汉数百年的统治功不可没。因此，刘姓就是观察 Y 染色体单倍型和姓氏关系的良好样本。从刘姓的 Y 染色体单倍型看，属于单倍型 O-F155 和其下游类型的刘姓占了相当一部分。根据分化情况，这个单倍型的扩散大约始自两千多年前，和西汉建立的年代较为吻合，很有可能就是刘邦家族。

但是即便如此，O-F155 和其下游的基因突变也只占现今刘姓人口的少数。这可能是因为绝大部分中国姓氏，尤其是各大姓在遗传学上都不是单一起源的。譬如中国姓氏最主要的来源——古代的诸侯国的国名就是例子。春秋战国之后，不少当地百姓也采用了诸侯国的国名为氏。这些普通百姓并不都是和公室拥有同一父系祖先，因此这些"国姓"从一开始就是多源的。同样，具备O-F155染色体单倍型的人士中，大约也只有五分之一的人姓刘。假设O-F155确实是刘邦家族的基因，则就算是源自皇室的国姓，在漫长的历史中，许多后代还是因为种种原因而改了姓。

从中国的社会情况来看，尽管中国姓氏以父系血缘为主要连结，但是自古姓氏的宗法意义要大于血缘意义。收养、入赘、承祧等情况，都可能导致一个人宗法意义上的父系祖先并不是生物意义上的父系祖先。这些都是可以让一个姓氏内部出现多个Y染色体单倍型，或者一个Y染色体单倍型对应多个姓氏。

然而，还存在另一种强大的自然力量，会让一个姓氏里的Y染色体单倍型渐趋统一。我们在下一章将作详细叙述。

第三章
凋零与兴旺：数学规律下的绝嗣

绝嗣——数学规律下的必然

我们之前已经提到，现今人类的 Y 染色体单倍型呈现树形结构，可以追溯到一个位于树根的共同的 Y 染色体先祖，这个先祖在 20 万年—30 万年前大约生活在非洲，也即全世界所有男性都是这位先祖的直系后代。但这并不意味着当时全世界只有一个男性，而是由于种种原因，当时留下传到现在的直系后代的男性的 Y 染色体单倍型全部一致，和他们不一致的男性并未传下直系男性后代，或者用中国人最熟悉的术语来说——他们绝嗣了。

我们需要明确书中关于"绝嗣"的定义。绝嗣一般被认为是没有子女而造成子嗣承继的断绝。封建社会往往只将男性后代视为"嗣"，这是一种极其落后的观念，充满性别偏见，本文接下来要探讨和批判的，便是封建社会这种绝嗣观念。

同样，我们也可以发现，一些在古书中见到的姓氏，到了今天似乎已经很少见了。如秦汉时期有个古姓"东"，到今天已经消亡。据说中国历史上曾经出现过大约12000个姓氏，但是2020年第七次全国人口普查姓氏的数量大约只有5050个。这种情况发生的原因很简单，单纯沿着父系传承的姓氏和Y染色体一样，在数学规律的支配下，都会不断凋亡。

我们可以设想一下，假设生儿子和生女儿的比例大约为1∶1，每代一对夫妻都生两个小孩，这样人口会保持稳定，不增不减。假设每个人的基因量为1，从统计学上看，由于子女会遗传父母的一半基因，因此至少到下一代，这个人群中的每个个体都会继续传下1的基因量。到了再下一代，由于基因重组等原因，人群中来自某个先祖的基因量可能就不是1了，但是这个先祖的基因基本上多多少少能传下来。

但如果要想有男性直系后代，那么难度可就大多了。简单而言，想要传下自己的Y染色体，则这个人群里某个男性的两个子女之间必须至少有一个是男性。在生育两个子女的前提下，这两个子女的性别概率大概会有三种情况，即全男（25%）、一男一女（50%）、全女（25%）。前两种情况可以保证Y染色体传承，最后一种情况就是绝嗣了。仅仅一代之后，这个人群四分之一的男性就已经绝嗣。由于绝嗣是一个不可逆的过程，一代代传承下去，绝嗣的人只会越来越多。

用穷举法证明绝嗣

我们固然可以对这个群体中每一个男性的Y染色体以及姓氏进行穷尽式跟踪，但这无疑是个极其耗费精力的任务。幸运的是，统计学的发展让我们对这个问题有了更优的解法，这是一个非常典型的随机分支过程。

对于绝嗣的恐惧并非中国人独有。早在19世纪后期的英国，就有人发现姓氏在一代代的传承中似乎在逐渐消亡。和中国一样，在意自己尊贵的姓氏是否能够传承下去的主要是社会上层。首先提出这个问题的是弗朗西斯·高尔顿，他是大名鼎鼎的达尔文的表弟。高尔顿家和达尔文家都属当时的英国社会上层，高尔顿又自幼聪慧，因此他对姓氏传承产生兴趣也就不足为奇了。1869年，高尔顿在著作《遗传天才》中就探讨了社会不同人群的绝嗣问题。1873年，他正式从统计学角度提出了绝嗣率应该如何计算。

之所以对绝嗣问题这么感兴趣，可能是因为此时已经年过五旬的高尔顿意识到他自己很有可能会绝嗣。1873年时高尔顿和夫人已经结婚20年，未有一儿半女。很快，数学家沃森提出了自己的想法，在1874年，二人正式发表了一篇论文试图解决绝嗣问题。值得一提的是，沃森也是教会的祭司，因此终身未婚。两人的结论是所有姓氏绝嗣的可能性都是1，也即所有姓氏都会绝嗣。这个结论相当耸人听闻，不过这是由于两人在这个数学问题上出错导致，实际的情况是到了1930年终于有了正确解法，结果虽然惨淡，但也并没有全军覆没这么悲观。

我们之前假设的"每个男性都各生两个孩子"的理想模型显然太过简单。在真实的社会中，每个男性有多少男性后代是不一致的。

我们可以把一个男性的男性后代数量，看作统计学上的一个随机变量，这些变量均为大于等于0的离散型变量（数值只能用整数单位计算的变量，如0、1、2、3等）。

我们设代数为n，某代的所有男性排序为k，把一个男性的男性后代记为Z_k^n，某一代所有的男性数量记为X_n。假如开始时只有唯一的一个男性，则$X_0=1$，他有两个儿子，则就是$Z_1^0=2$，$X_1=2$。假设这两个儿子中的第一个又有两个儿子，第二个只有一个儿子，则$Z_1^1=2$，$Z_2^1=1$，$X_2=3$。

如果我们要求在第n代时一共要有多少个男性，则可以用$X_{n+1}=\sum_{k=1}^{X_n}Z_k^n$来表示，即某一代（n+1）是由前一代（n）的男性从 k=1 的男性后代数量到k=X_{n-1}的后代数量的总和。

此时我们需要设定一名男性会有不同数量男性后代的可能性。这个可能性遵循一定的分布规律，我们把一名男性的后代数量以 m 表示，每个 m 的可能性为P_m，这个分布就设定为F={p_m}m≥0。

毫无疑问，这个人群中的男性在 Y 染色体以及姓氏传承上的成功率就由概率分布 F 决定。假设每一代的所有男性都能有两个儿子，即p_2=1。则这个群体就会按照第 n 代男性的数量X_n=(2)^2，即按照 1、2、4、8、16、32、64、128、256……的数列迅速扩张。

当然在绝大部分情况下，有没有这么好的运气是大可以怀疑的。我们按照另一种情况来设想，在这种设定下，每个男性只可能有 0 个或者 1 个男性后代，即P_0>0，P_1>0，P_0+P_1=1。在这种情况下，这个人群就会发生所谓"数代单传"的现象，最终在某一代因概率使然，最终绝嗣，从此销声匿迹。

以上两种情况当然都和现实相差太远，且过于极端。为了有现实的参考意义，我们还是需要更加符合实际的 F。由于假设$P_{m≥2}$=0，即"没有男性会有两个或以上的男性后代"，在这样的概率分布下，必然导致男性人口只减不增且快速绝嗣。因此我们设定 m≥2 也必须要有一些概率，把这个人群平均预期男性后代数量的期望值设为 $\mu > 0$。因为每个男性实际有几个儿子会有差别,因此方差 $\sigma^2 > 0$。

想要推导一个人群在第 n 代时会有多少男性后代,这个计算并不困难。由于我们事先假设,一名男性会产生的男性后代数量,与自己的男性先辈的男性后代数量无关,也和其他男性无关,那么,这个随机过程就符合马尔可夫性质,即未来状态的条件概率分布仅依赖于当前状态,和过去的状态无关。这就使得我们可以据此较为轻松地推定这个过程的迭代预期。如果我们把 X_n 的值设为 i,那么 $EX_{n+1}=\mu i$。虽然初始人群里可能有多个男性,但是我们完全可以只关注第 0 代时某个特定男性的情况,即 $X_0=1$。所以在某代有多少个男性后代就变成纯粹由 μ 决定,即 $EX_n=\mu^n$。这样就可以看出假设 μ 小于 1,从远期的预期看男性数量必然会逐渐归零。

但是对于绝嗣问题,我们并不仅仅关心平均预期的男性后代数量。更重要的是,单个家族在传代过程中会繁荣昌盛还是趋于消亡。

为了让这个结论更加直观,我们设置一个简单的情况,即这个人群中每个男性有 60%(即 0.6)的可能性会有一个儿子,20%(即 0.2)的可能性没有儿子,20%(即 0.2)的可能性有两个儿子,则:

$$\mu=0.2\times0+0.6\times1+0.2\times2=1$$

那么方差公式则是：

$$\sigma^2=(0-1)^2*0.2+(1-1)^2*0.6+(2-1)^2*0.2=0.4$$

从长期来看，这个状况似乎比较稳定，平均预期男性数量不增不减。

然而具体落到每个个体身上，情况就大不相同了。

我们让这个情况传承两代，则两代后就会出现13种情况（如下表所示）。

这13种情况的概率总和为0.2+0.12+0.36+0.12+0.008+0.024+0.008+0.024+0.072+0.024+0.008+0.024+0.008=1，它覆盖了所有情况。在这些场景中，两代后绝嗣的概率为0.2+0.12+0.008=0.328；两代后原地踏步、仍然还是一个男性的概率为0.36+0.024+0.024=0.408；两代后扩张为2、3、4个男性的概率分别为0.12+0.008+0.072+0.008=0.208、0.024+0.024=0.048和0.008。可见在这种概率分布下绝嗣和原地踏步是绝大多数男性的宿命。

不过俗话说，良好的开端是成功的一半。这一点在我们的小模型上尤其明显。假设第二代成功扩张为两个男性，则在下一代绝嗣的概率就由0.2迅速下滑为0.2×0.2=0.04。也可以看出仅仅经过两代之后，人群的命运就开始发生巨大的分化。

序号	第一代男性后代数	第二代男性后代数	发生概率	两代后的男性后代总数
1	0	0	0.2	0
2	1	0	0.6×0.2=0.12	0
3	1	1	0.6×0.6=0.36	1
4	1	2	0.6×0.2=0.12	2
5	2	0 0	0.2×0.2×0.2=0.008	0
6	2	1 0	0.2×0.6×0.2=0.024	1
7	2	2 0	0.2×0.2×0.2=0.008	2
8	2	0 1	0.2×0.2×0.6=0.024	1
9	2	1 1	0.2×0.6×0.6=0.072	2
10	2	2 1	0.2×0.2×0.6=0.024	3
11	2	0 2	0.2×0.2×0.2=0.008	2
12	2	1 2	0.2×0.6×0.2=0.024	3
13	2	2 2	0.2×0.2×0.2=0.008	4

当然，读者大概已经看到，像这样穷尽式地枚举分支过程是多么繁冗的事。因此，我们还需要借助一些统计学方法来继续探讨绝嗣问题。

用概率论证明绝嗣

我们首先可以整理一下发生各种情况的可能性。对于每种可能出现的情况，如果考虑前后两代的关系，设$X_n=i$，$X_{n+1}=j$，则单步的转移概率就可以用一个矩阵表示：

$$P=\begin{bmatrix} P_{00} & P_{01} & \cdots & P_{0j} & \cdots & P_{0s} \\ P_{10} & P_{11} & \cdots & P_{1j} & \cdots & P_{1s} \\ \vdots & \vdots & & \vdots & & \vdots \\ P_{i0} & P_{i1} & \cdots & P_{ij} & \cdots & P_{is} \\ \vdots & \vdots & & \vdots & & \cdots \\ P_{s0} & P_{s1} & \cdots & P_{sj} & \cdots & P_{ss} \end{bmatrix}$$

当然，对于集合中各种情况出现的概率，我们可以用以下算式表达，对于这里出现的任意一种情况，概率为：

$$P_{ij}=P(X_{n+1}=j \mid X_n=i)$$
$$=P(Z_1+Z_2+...+Z_i=j)$$

这样，以上单步转移概率矩阵就可以给出具体的值。由于实际上这个人群的男性数量可能在0到无穷之间，转移概率举证也是无穷大的。为了方便起见，我们只取5×5大小的矩阵：

$$P=\begin{bmatrix} 1 & 0 & 0 & 0 & 0 \\ 0.2 & 0.6 & 0.2 & 0 & 0 \\ 0.04 & 0.24 & 0.44 & 0.24 & 0.04 \\ 0.008 & 0.072 & 0.24 & 0.36 & 0.24 \\ 0.0016 & 0.0192 & 0.0928 & 0.2304 & 0.312 \end{bmatrix}$$

我们此时可以考虑一下要如何计算合在一起的两步的转移概率矩阵，即：

$$P_{ij}=P(X_{n+2}=j \mid X_n=i)$$

当然，穷举式的计算并不是完全不行，就像我们之前所做的那样。不过统计学的发展让我们有了更有效的数学工具，这里我们要用到全概率定理。全概率定理是个相当容易理解的定理，意思是如果一个集合 Ω 可以被分区分为全无遗漏又互斥的子集B_1，B_2，B_3，…，B_k，则发生事件A的概率为：

$$P(A)=\sum_{i=1}^{k}P(A\cap B_k)=\sum_{i=1}^{k}P(A \mid B_k)P(B_k)$$

这个算式可能看起来有些复杂，实际上它不过是说发生事件 A 的概率为发生 $P(A\cap B_1)+P(A\cap B_2)+P(A\cap B_3)+\cdots+P(A\cap B_k)$ 事件的总和，$\cap$ 符表示联合概率，即两个事件都发生。第二个算式只是换成使用条件概率表示（｜表示在后者发生的条件下发生前者的概率）。

一个男性的儿子数量是一个特定的非负整数，就是说，他不可能既有一个儿子又有两个儿子，也不可能有 1.6 个儿子。因此男性后代数量的集合就可以被一个个作为子集的非负整数划分为全无遗漏又互斥的分区，这符合全概率定理的条件。

在跨越两步时：

$$P_{ij}=P(X_{n+2}=j \mid X_n=i)$$

设 $X_{n+1}=k$

$$=\sum_{k=1}^{N} P(X_{n+2}=j \mid X_{n+1}=k)P(X_{n+1}=k \mid X_n=i)$$

$$=\sum_{k=1}^{N} P_{ik}P_{kj} \quad (\text{实际上就是矩阵乘法且两矩阵一致})$$

$$=(P^2)_{ij}$$

将我们之前的转移概率矩阵按照这样计算，就可以得出：

$$P_2=\begin{bmatrix} 1 & 0 & 0 & 0 & 0 \\ 0.328 & 0.408 & 0.208 & 0.048 & 0.008 \\ 0.107584 & 0.267648 & 0.302912 & 0.201216 & 0.08768 \\ 0.035264 & 0.131328 & 0.228672 & 0.242496 & 0.17088 \\ 0.0114944 & 0.0563712 & 0.1289216 & 0.1771008 & 0.156352 \end{bmatrix}$$

这个矩阵从上往下数第二行（即初始有一个男性）的情况来看，这和之前的穷举式计算结果一样。可见转移概率矩阵确实是个有效的计算方法。同时也可以看出，在初始状态就有多个男性的情况下，绝嗣概率就要小得多。譬如，一开始有4个男性时，两代绝嗣的概率不过稍高于1%。

不难看出，如果有更多代数，结果也就是算出单步转移矩阵更高次的幂。

但是我们又要如何计算出转移概率矩阵，并且用它预测几代之后的后代数量呢？由于这个矩阵本质上是无穷大的，通过穷举式计算显然不是最佳方法。

这时就得用到概率母函数了，它是研究随机变量分布律的一个重要的分析工具。正如之前提到的，生子问题是在非负整数域{0，1，2，…}取值的离散随机变量，取到什么值，就得看概率分布P（X=x）。

我们已经知道，在这种情况下：

$$E(X)=\sum xP(X=x)$$

对于这类情况的概率分布，用概率母函数表示：

$$G_x(t)=E(t^x)=\sum P(X=x)t^x$$

这里我们引入了 t，一个虚设变量。

继续采用我们之前的小模型，我们之前的模型数据是这样的：

x	0	1	2
P(X=x)	0.2	0.6	0.2

我们可以把模型用概率母函数表示：

$$G_x(t)=0.2t^0+0.6t^1+0.2t^2$$

概率母函数有一些独特的特性，譬如可以对其进行求导：

$$G_x'(t)=\frac{d}{dt}G_x(t)$$
$$=\frac{d}{dt}E(t^x)$$
$$=E(Xt^{x-1})$$

设 $t=1$，则 $G'_x(1)=E(X)=\mu$。

$$G''_x(t)=E[X(X-1)t^{x-2}]$$

设 $t=1$，则：$G_x(1)=E(X)(X-1)$
$$=E(X^2-X)$$
$$=E(X^2)-E(X)$$

概率母函数更高阶的导数还可以用来求方差 σ，公式如下：

$$\sigma = E[X-E(X)]^2$$
$$= E[X^2 - 2XE(X) + E(X)^2]$$
$$= E(X^2) - 2E(X)E(X) + E(X)^2$$
$$= E(X^2) - E(X)^2$$
$$= E(X^2) - E(X) + E(X) - E(X)^2$$
$$= G''_x(1) + G'_x(1) - G'_x(1)^2$$

我们可以代入简化模型：

$$G_x(t) = 0.2t^0 + 0.6t^1 + 0.2t^2 = 0.2t^2 + 0.6t + 0.2$$
$$G'_x(t) = 2*0.2t + 0.6 = 0.4t + 0.6$$
$$G''_x(t) = 0.4$$

$$\mu = 0.4*1 + 0.6 = 1$$
$$\sigma = 0.4 + 1 - 1^2 = 0.4$$

在这个问题中，因为每一代的概率母函数都是一模一样的，所以不难推导出：

$$G_n(t) = G_{n-1}(G(t)) = G\Big(G\big(G\cdots(G(t))\cdots\big)\Big)$$

借助概率母函数的性质，我们可以推导出在各代时关于绝嗣的概率分布。

接下来，仍以我们的第二代小模型为例，公式如下：

$$G=0.2t^2+0.6t+0.2$$
$$G_2=0.2G^2+0.6G+0.2$$
$$G'_2=0.032t^3+0.144t^2+0.416t+0.408$$
$$G''_2=0.096t^2+0.288t+0.416$$

如果你对之前的数学推导兴趣不大，这里你可以注意下，t 的不同次方的各项系数正好与有该次方数量的男性后代的概率相同。我们已经顺利通过概率母函数更方便地求得了概率分布情况。

顺带一提，之前的单步转换矩阵，每一行其实也都是 G^n。

当然，如果想要对第二代时男性后代的平均预期值和方差进行计算，也可以通过概率母函数进行推算：

$$\mu=0.032+0.144+0.416+0.408=1$$
$$\sigma=0.8-1+1=0.8$$

随着代数的增加，表现人群的命运的方差也迅速扩大。既有的幸运儿人口会迅速扩张，有的会走上下坡路，甚至直接消亡。

我们的简化模型和自然情况相差很大。在大部分情况下，我们可以把一个群体的男性有多少个后代看作一个遵循泊松分布的集合，即有一个平均值 λ。这个 λ 是一个比较小的数值。大多数男性的男性后代数量位于 λ 值附近。但是有少数男性由于种种原因会有较多后代，形成典型的长尾分布。

泊松分布的概率分布可以被描述为 $P(X=x)=\frac{\lambda^x e^{-\lambda}}{x!}$。在我们的绝嗣问题中，x 仍然是一串非负整数，即可能的后代数量。e 是自然常数。至于 x! 是 x 的阶乘，即 $x!=x(x-1)(x-2)\cdots 2\times 1$。

对于泊松分布来说，其概率母函数为 $G_x(t)=e^{\lambda(t-1)}$。

整个证明过程是这样的：

$$G_x(t)=E(t^x)=\sum t^x P(X=x)$$

在这样的情况下，我们就可以计算出较为接近真实世界的 Y 染色体以及姓氏传承的情况了。我们可以把概率母函数扩展为级数，譬如说，假设 λ=1，则：

$$G(t)=e^{t-1}$$

读者可能已经发现，我们不可能通过穷举式计算算出系数。在这种情况下，我们可以用求导来解决问题，由于麦克劳林级数是一个以 0 为中心的幂级数，我们按照麦克劳林级数的定义，假设 t=0 并且在 t=0 的位置时求导，需要第几个系数，就用求第几阶的导数再除以这个阶数的阶乘。对于当下我们基于泊松分布的概率母函数来说，很幸运的是，不管在第几阶导函数都是一样的：

$$\frac{d^n}{dt^n}e^{t-1}=e^{t-1}$$

在 t=0 这个位置上，不管在第几阶导函数都是 e^{-1}。因此系数 $c_n=\frac{e^{-1}}{n!}$，即在 $\lambda=1$ 的泊松分布情况下，一个男性有 0、1、2、3、4 个后代的概率分别为 e^{-1}、e^{-1}、$\frac{e^{-1}}{2}$、$\frac{e^{-1}}{6}$、$\frac{e^{-1}}{24}$。

如果读者有兴趣的话，也可以继续进行推算。不过对大部分人来说，在这个较为接近真实的状况下，一个男性传下姓氏与 Y 染色体的成功率究竟如何，人们会更有兴趣。

这里我们设定了 10 个 $\lambda=1$，一开始都只有一个男性的虚拟家族，来看看命运的齿轮到底会如何运转，会不会垂青他们。我们的结果是这样的：

```
家族 1：[1, 2, 3, 2, 2, 4, 4, 8, 7, 6, 8]
家族 2：[1, 2, 3, 1, 1, 2, 0, 0, 0, 0, 0]
家族 3：[1, 0, 0, 0, 0, 0, 0, 0, 0, 0, 0]
家族 4：[1, 1, 3, 4, 5, 6, 4, 1, 0, 0, 0]
家族 5：[1, 1, 3, 4, 5, 1, 0, 0, 0, 0, 0]
家族 6：[1, 2, 1, 1, 2, 2, 2, 2, 1, 3, 4]
家族 7：[1, 0, 0, 0, 0, 0, 0, 0, 0, 0, 0]
家族 8：[1, 1, 0, 0, 0, 0, 0, 0, 0, 0, 0]
家族 9：[1, 0, 0, 0, 0, 0, 0, 0, 0, 0, 0]
家族 10：[1, 1, 0, 0, 0, 0, 0, 0, 0, 0, 0]
```

在这种情况下折线图能提供更为直观的信息：

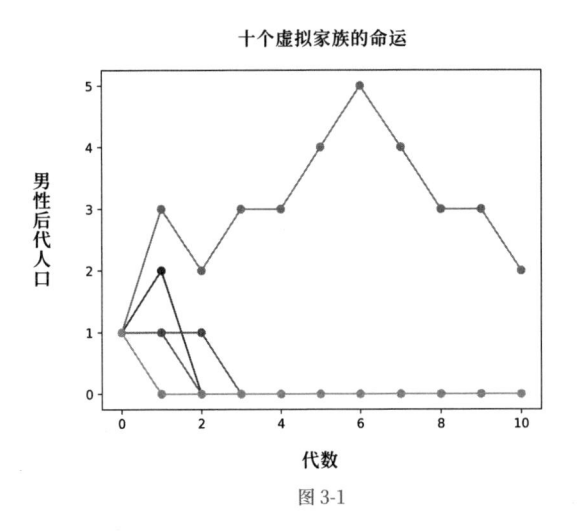

十个虚拟家族的命运

图 3-1

从上图可以看见，这十个开始都只有一个男性、生子概率也相同的家族，在传承了十代之后产生了巨大的分化，十个家族中九个家族绝嗣，剩下一个家族岌岌可危。

我们还可以把这个虚拟实验规模扩大，这次我们观察一百个家族在传承了百代后的情况：

一百个虚拟家族的命运

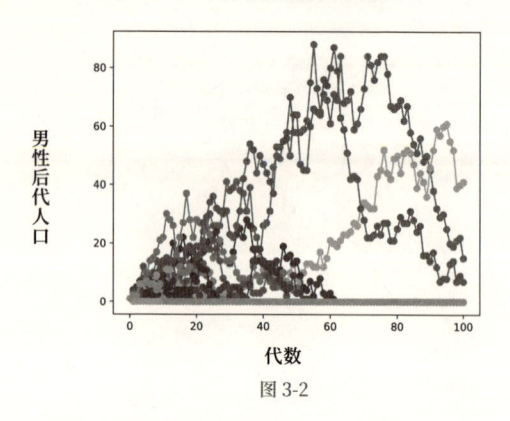

图 3-2

传承百代过后,这一百个家族只有三个没有绝嗣。

事实可能比预想的更加不乐观。如果再把时间拉长,观察千个家族的千代命运,则:

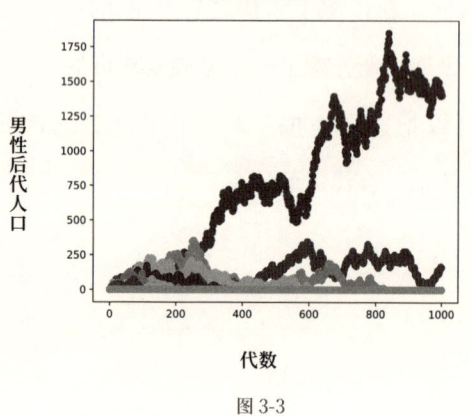

一千个虚拟家族的命运

图 3-3

传承千代之后也只有个位数的家族存活，而且似乎状态不妙。

这时我们就可以考虑一个问题，这些虚拟家族出现绝嗣的概率到底有多高？

如果在某代发生绝嗣，数学上就可以表示为$X_n=0$。在某代绝嗣的可能性为$P(X_n=0)$。长期的绝嗣概率就是$\lim_{n \to \infty} P(X_n=0)$。

我们可以继续使用概率母函数来解决这个问题。我们在这里先给出结论，假设绝嗣概率为γ，γ就是让概率母函数出现如下情况时的最小非负值：

$$G(\gamma)=\gamma$$

通过之前对概率母函数的应用，我们已经知道：

$$G_x(t)=E(t^x)=\sum_{x=0}^{\infty} P(X=x)t^x$$

如果出现了$t=0$的情况，这个算式就很容易计算，因为只有在$x=0$的情况下$t^x=0^0=1$。其他情况下由于$t^x=0$，所以并不会对结果产生影响。

因此$G(0)=E(0^x)=P(X=0)$。$P(X=0)=\gamma$当然就是绝嗣概率，那么以下等式就必然成立：

$$\gamma_n=G_n(0)$$

同样，在之前一代的绝嗣概率就可表示为：

$$\gamma_{n-1}=G_{n-1}(0)$$

因此$\gamma_n=G\big(G_{(n-1)}(0)\big)=G(\gamma_{n-1})$

绝嗣概率就是在各代之间累加至趋近的极限：

$$\gamma=\lim_{n\to\infty}\gamma_n=\lim_{n\to\infty}G(\gamma_{n-1})$$

如果对G(t)进行分析，因为G(t)的各系数和t的指数都是正数，因此在t≥0时，G(t)必然是一个单增函数，只涨不跌，即$0\leq t\leq 1$，$G'_x(t)\geq 0$成立。

由于t在0到1之间时G(t)为单增函数，因此如果在这个区间取值$t_1\leq t_2$，则$G(t_1)\leq G(t_2)$。

我们仍然把一代男性总共有多少男性后代的变量命名为X_n。当然由于$X_0=1$，在这一代绝嗣的概率$\gamma_0=0$。根据之前的结果，在某代绝嗣的概率为$\gamma_n=G(\gamma_{n-1})$。

我们假设G(t)=t，以及t≥0：

我们已知$\gamma_0=0$，且$\gamma_0\leq t$。因此：

$$G(\gamma_0)\leq G(t)$$

又因为$\gamma_1=G(\gamma_0)$，所以$\gamma_1\leq t$。以此类推，最终结论就是$\gamma_n\leq t$，即$\gamma=\lim_{n\to\infty}\gamma_n\leq t_0$。

换言之，绝嗣概率就是从 0 开始往上碰到的第一个能够出现 G（γ）= γ 的 γ 值。当然由于有 G（1）=1 作为封顶，绝嗣概率肯定不会超过 1。

在这样的情况下，我们就可以求解出现在我们这一代之前的基于泊松分布的远期绝嗣概率：

$$\gamma = e^{\lambda(\gamma-1)}$$

这是个超越方程。此时我们需要使用朗伯 W 函数，即 $z = xe$ 的反函数 $W(z) = x$。

$$x = e^{a(x-1)}$$
$$x = e^{(ax-a)}$$
$$x = e^{ax}/e^a$$
$$-ax = -ae^{ax}/e^a$$
$$-ax \ast e^{-ax} = -a/e^a$$
$$-ax = W(-a/e^a)$$
$$x = -a^{-1}W(-a/e^a)$$

将 λ 值代入公式里的 a 就可以计算结果了。

对于绝嗣的数学问题，我们大体就说到这里，对数学头痛的读者现在可以松一口气。实际上对最终绝嗣问题最方便的解法是通过作图以及求解迭代程式寻找近似解。在今天的信息社会有计算机模拟，我们可以很方便地通过迭代接近的

49

方法找到 $\gamma=e^{\lambda(\gamma-1)}$ 的近似解。大体原理不外乎首先进行猜测，然后根据两者在猜测值的大小以及导数之间的关系给出下一个猜测，逐渐逼近正确答案。或者也有更简单的方法，直接对这个函数进行迭代求解并逼近极限也可以。这些方法都比采用朗伯 W 函数方便得多（如果读者一定想要试一下这个函数，请采用朗伯 W 函数的主分支，即 W_0）。

我们这里给出 λ 值在 0—10 之间的最终绝嗣概率。

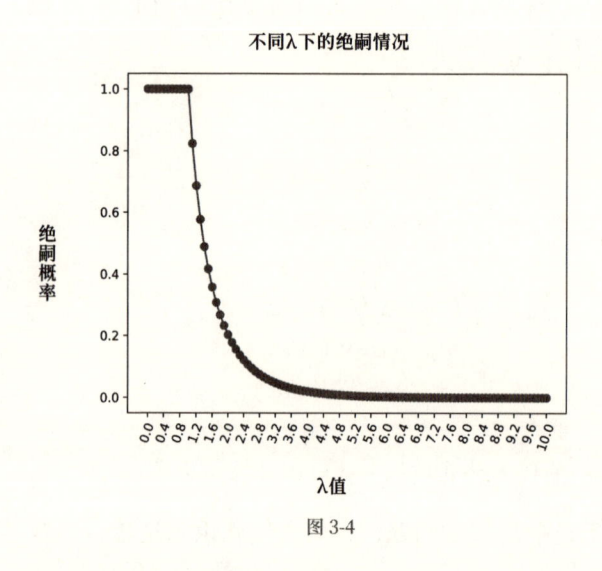

不同λ下的绝嗣情况

图 3-4

相应的，我们也可以计算 λ 值不同时，随着传承代数增加的存嗣概率。

不同λ值下的存嗣概率

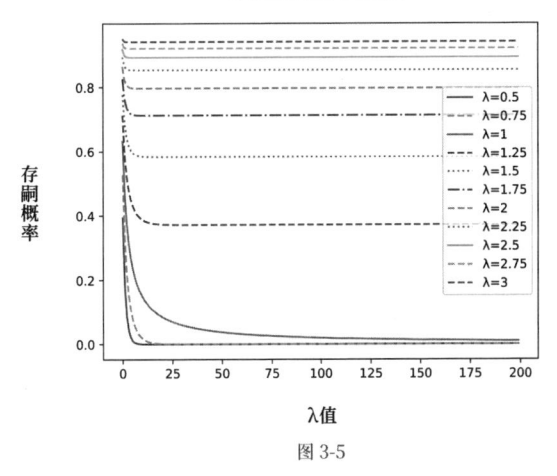

图 3-5

可以看出，在 λ 值稳定的前提下，一个男性是否能够留嗣在大约一百代后就基本稳定了。一般来说绝嗣事件发生在最初几代。假如最初几代受到命运之神的眷顾，有更多的男性后代，则在 λ 大于 1 的情况下还是很有希望摆脱绝嗣阴影的。

这也是为什么中国的姓氏相对人口规模来说并不算多。我们的姓氏存在时间太久，传承的代数太多，以至于历史上该被淘汰的姓已经被淘汰得七七八八了，剩下来的姓则具有了相当的人口规模，中短期内应无绝嗣之虞。相对来说，很多外国的姓由于产生年代较短，还处于起步的"群魔乱舞"

阶段，尚未有足够的时间让自然规律发生作用。这可能也在客观上导致了一个现象：中国人的姓比较少，但是在取名方面相当自由，几乎可以任意挑选自己想要的字。那些姓的多样性更高的国家则在取名方面往往缺乏想象力，一般的家庭只会从非常有限的几十个常用名字中挑选一个。无形的力量总是会倾向于让社会达到某种平衡。

当然，要想让长期存嗣概率高于0.8，就需要一个相当高的 λ 值（2以上）。考虑到新生儿男女比例在正常情况下大致相当，要期望有两个以上的儿子的话，就得有四个以上的孩子。在当代社会，尤其在城市环境中，这可不是一项轻松的任务。不过，假设抛弃对男性后代的执念，践行男女平等，将女儿也看作"嗣"的话，生二胎可是比生四胎要简单多了。

第四章
超级父亲：中国三大姓的崛起

"超级父亲"的前世今生

如果你随便翻开一本家谱，将有很高的概率发现，家谱里会把家族的祖先追溯到某个古代显赫人物身上。这些家谱记载的肯定未必全是真的。由于年代久远，超出可靠的记录范围，家谱出现攀附古代名人的现象相当严重。不光普通人如此，哪怕自己就是赫赫有名的大人物，也会攀附名家。譬如唐朝著名的政治家和诗人韩愈，号称韩昌黎，这是因为韩愈把自己的家族追溯到南北朝时期，辽宁西部的望族昌黎韩氏。然而就可考记录来看，韩愈的祖先世居中原地区，和昌黎韩氏到底有没有关系，这是很值得怀疑的。

类似韩愈这样乱认祖宗的案例，简直不胜枚举。许多家谱里面"承自名流"的说法也是真假难辨，甚至在唐朝还流行"郡望"，即追溯自己的祖籍到一个发家早、势力大的同姓家族，这种习惯更是让很多人自称的祖籍毫无可信度。

但是，假如祖先在人口扩张阶段没有两下子的话，毫无疑问有很大概率会坠入绝嗣陷阱，导致Y染色体和姓氏一起灭绝。因此如果我们追溯任何一个现代人的父系直系祖先，大概率确实会追溯到一些鼎鼎大名的名人头上，只是未必是家谱中记录的那些罢了。

历史上，由于取得了相对普通平民的生存优势，富贵家族的男丁扩散速度是极为惊人的。其中尤以帝王家最为突出。譬如古代帝王动辄几十个儿子，对于平民来说，根本不可能养活这么多后代。尽管这几十个儿子不可能都成为下一代皇帝，但哪怕是没有当上皇帝的宗室后代，也会因为生活条件远远比平民优越而留下更多的后代。

一个典型的例子是明朝皇室。众所周知，明朝开国之君朱元璋出身乞丐，朱家肯定算不上兴旺的大家族。朱元璋总结了宋朝、元朝灭亡的教训，认为都有主弱臣强的问题，即朝廷得不到宗室藩屏。因此，他大举建藩，封自己的儿子们（以及一个侄孙）为藩王，并建立宗人府管理宗室事务。明成祖即位后，禁止藩王参与政务，甚至不许他们擅自出城，但是厚加供养，根据等级发放相应的俸禄，譬如亲王一万石，郡王两千石等。

由于明朝的政策，藩王们除了闭门享乐并无其他事情可做。亲王的儿子一出生就是郡王，对于一个亲王来说，每多生一个儿子就多了两千石的俸禄。这样优厚的生育激励当然导致朱家发生了巨大的人口扩张，有些亲王甚至因为后代数量太多，搞不清楚是不是有冒充的，上书朝廷要求派员调查。并且这样的扩张是指数式的。随着人口基数快速增长，后期的数字越来越恐怖，以至于到了万历年间，就因宗室繁衍过巨，遂减岁禄（万历三十三年宗室数量为157000余位）。到了明朝灭亡时，估计应有二十多万朱家子孙。尽管藩屏的作用可以说是并没有起到，但是朱元璋确实实现了相当程度的姓氏和基因扩张。只是由于这个扩张发生的年代比较晚，加之清初追杀明朝宗室的缘故，朱氏对中国姓氏分布的影响远远不及两汉时期的刘氏。刘姓在两汉之前本来是名不见经传的小氏，靠着两汉四百年的统治，刘氏族人后嗣的数量远远高于平均水平，终于到了汉朝末年，刘姓已经成为数得上号的大姓，其地位一直维持到了今天。虽然两汉时期并未采取鼓励宗室生育的极端政策，但今天刘姓人数还是比朱姓多得多。

这样的扩张发生得越早，就越能占得先机。历史时代如此，那么史前时代呢？就算以中国姓氏之古老，也不过只能追溯到数千年前。然而超级父亲可以出现在远比人类文明史更久远的时代，而且姓氏虽然沿着父系传承，终究是一种文化现象，传承过程中出现诸如改姓之类的变动也不稀奇。Y染色体单倍型的扩张则得靠结结实实生育出来，无取巧之法。

毫无疑问，历史上第一个超级父亲当然就是二十多万年前生活在东非的某个男人，全世界的男性都是他的直系后代。同时期可能存在的其他所有男性的Y染色体单倍型，都在数学规律或其他原因的支配下灭亡了。不过这位全人类的超级父亲生活的年代和地区都距离我们太远。相较而言，一些年代更近的Y染色体单倍型所能透露的古老传承，则更贴近当下的中国人。

就现代中国人的Y染色体单倍型来看，尽管中国有着全世界数一数二的人口，但是中国Y染色体单倍型的集中度是相当高的，百分之四十左右的中国男性的Y染色体单倍型可以追溯至新石器时代的三个"超级父亲"基因，即O-F8、O-F325和O-F46。

超级父亲在Y染色体单倍型树上能留下鲜明的印记。正常情况下，Y染色体单倍型随着基因突变的进行，会出现上下游结构。假如一个男性的男性后代不止一人，则可能因为后代突变情况的不同而发生分叉。由于数学原因，绝嗣的概率是很高的。很多存在过的分叉必然由于某个分支后来的绝嗣而观察不到，因此能够产生分叉的父亲们已经可以算是很成功的繁衍者了。然而超级父亲们由于在一代或很短的几代内生育了大量后代，且这些后代也都继续大量留后，由于不同的后代携带了不同的突变基因，就会在分支结构上又出现一分为多的分支。这和家谱谱系中一个留下很多后代的父亲，其后代往往分为好几房、好几宗的情况是类似的。

在新石器时代的中国，没人家里有王位要继承。就算是部落的首领，其能调动的资源和后世诸侯国君相比也是微不足道，更不要说中国统一之后的皇室了。如大明恩养令这样的政策，更是不可能存在。这些在短时间内集中爆发的超级父亲们，又是如何取得优势的呢？答案很有可能非常简单——种田。

农业的出现和发展，其实在人类进化史上不过是短短的一瞬。人类在地球上至少生活了几百万年，但是直到1万多年前，农业的雏形才开始出现在今天西亚的两河流域以及北非的尼罗河流域。农业出现前，传统的采集狩猎方式获取食物的效率是非常低的。如果全世界的人都以采集狩猎为生，那么自然生长的动植物只能维持一千多万人的生活。第四纪大冰期后，全球不少地方的人口达到了这个数值，并且陷入增长停滞。直到农业出现，人类依靠在极小范围的土地上种植谷物，出产了能养活比以前多得多的人口的食物。

新石器时代的超级父亲们出现时，正是中国农业技术进步之时，农业的重要性越来越高于采集狩猎等传统生活方式。但是，一个老农民大概率看起来不如一个猎人光鲜。而且，相比采集狩猎，早期农业的农产品品类单调、蛋白质不足，可能还缺乏很多维生素和微量元素，农业产生后人口的密集居住也成为各种传染病的温床。如果论个体的生活和营养水平，农业的出现其实造成了人类体质的滑坡。从留存的遗骨看，进入农业时代后，人类身高发生了下滑。但是相比谷物能提供的大量热量来说，这些都是值得付出的代价。而且相比采集狩猎，农业需要非常高的劳动力投入，在农业出现伊始，地广人稀之时，家庭中多出的男性劳动力开荒种田可以带来非常大的边际效益。因此进入农业时代之后，农耕条件优越的华北平原人口迅速膨胀。这其中有几位超级父亲或许是因为身为部落首领，后代更多，或许是纯粹的运气使然，乘上了这趟人口红利的快车，留下了大量后代，奠定了现代中国人Y染色体单倍型中非常重要的一部分。

从时间上看，O-F8、O-F325和O-F46这三种基因的人口扩张大约都已经有七八千年历史。其中O-F8产生时间最晚，但是发展最快，其后裔大约占到今天中国男性人口的六分之一，总人口过亿，在几千年的时间里实现了由一变亿，可以说是相当成功了。

以上三位超级父亲生活在新石器时代的华北地区。而在南方地区也有一位因农业而兴的超级父亲，即O-F81染色体，他生活的年代比之前的三位超级父亲要晚一些。他的后代地域分布，也呈现出较为明显的南多北少的现象。中国南方是全世界最早驯化水稻的地方。在水肥条件合适的情况下，稻的产量一般要高于北方常见的麦，更高于新石器时代北方地区的主要农作物黍和粟。因此直到今天，在气候条件能够支撑种稻的地区，一般都会选择以种稻为主。在这么一种高产作物的加持下，O-F81尽管起步稍晚一些，但是能够追上其他几位超级父亲的脚步，也就不足为奇了。也有人认为，良渚文明可能就和这个分支有莫大的关系。

最后还有一位，即C-F978染色体，这位超级父亲相对来说北方色彩要明显一些，今天的后代也更多分布在北方人中。这五位超级父亲是今天中国一半以上男性的直系祖先。我们可以继续用虚拟家族做一下试验。还是一百个家族起步，考虑到历史上缓慢的人口增长，我们把大多数家族的 λ 值设定为1.1，但是五个幸运家族则可以享受到 λ 值为1.5的优厚待遇。我们模拟这些家族经历 30 代的情况，如下图：

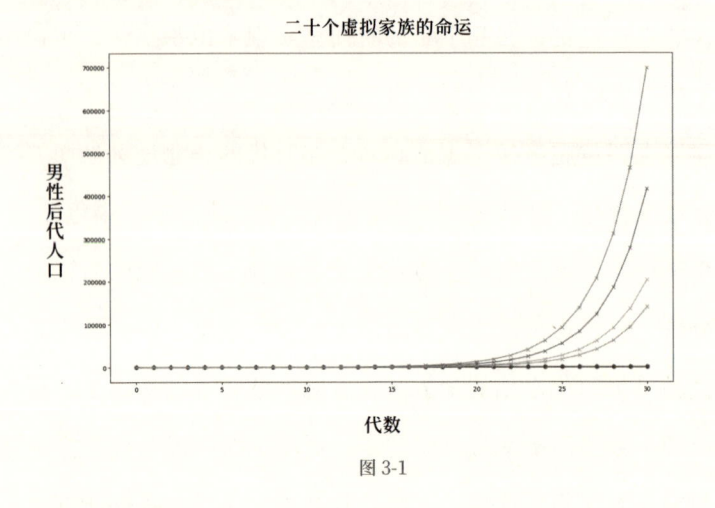

二十个虚拟家族的命运

[图：横轴为代数（0-30），纵轴为男性后代人口（0-700000），显示多条曲线在20代后呈指数增长]

代数

图 3-1

幸运家族用 × 作为标记，普通家族用 ● 作为标记。可以看到在经历了 30 代之后，5 个幸运家族中有 4 个发生了非常显著的人口膨胀，其中发展最成功的已经达到 70 万男性。而普通家族未达到我们设定的 λ 值，有部分虽未绝嗣，但其后嗣数量和幸运家族比起来，在总人口中占比非常之低。

繁衍 30 代如此，几千年时间经历了数百代的传承，如果在早期能有一些繁殖上的优势，那么这个优势累积的结果可想而知。可见不管是帝王将相还是平民百姓，要想"传宗接代"获得巨大成功，起步早才是硬道理。这并不是说我们的基因都来自这少数几个男性。我们无疑从许多祖先中继承了不同的基因，然而这些基因经过复杂的重组之后早就被打散，因在染色体的不同片段中而难以追溯了。

当然，读者大概可以从我们现今的姓氏分布，推断出这五位的后代肯定不会是泾渭分明的五个姓。尽管中国姓氏，尤其是原本的"姓"出现时间非常早，但是当这些部落形成时，早就已经掺杂了不同父系的成员。但是由于姓氏的传递规律和Y染色体单倍型相同，所以今天的大姓也和Y染色体单倍型一样，是一些早期的超级父亲的后代，只是时代稍微近一些，集中度也略逊一筹。

中国三大姓——李、王、张发迹史

从我们今天的姓氏分布来看，最大的一些大姓往往都曾有较为显赫的过往，一般在上古时代就已经开始发迹。其中最为典型的，莫过于当今中国最大的三个姓，李、王、张。

李姓早在战国玺印的姓名玺中就很常见，有良好的基础，经历了唐朝三百年的统治后，李姓更是迅速膨胀成为全国性的超级大姓，延续至今（值得一提的是，唐朝皇室所属的陇西李氏，一般声称自己是西汉飞将军李广的后裔，但是在北魏时期尚有陇西李氏的墓志铭里声称是李广的族弟李蔡的后裔，可见皇室也必未能免俗，有攀附之嫌）。王姓也是在战国时期就奠定了成为大姓的基础，后来又经常有各路王室成员加入，成为大姓不足为奇。张姓虽然并未像李姓那样当过国姓，但是在战国玺印中也很常见。

要弄清三大姓为什么演变为超级大姓，就得探究一下三个姓氏的起源。

中国绝大部分姓氏都是内生的。既然是内生，则姓氏也可以看作是汉语词汇的一部分。如各种恶毒的"赐恶姓"就是通过"赏赐"含义不好的字为姓来达到羞辱目的。今天我们有些姓仍然受到汉字本义的一定影响。譬如很多石姓女性有过被人误认为石先生的困扰，因为石在汉语中是有实际含意的，而这个含义则容易和男性化的坚硬、粗糙产生联想，以至于会被默认当成石先生。

但是我们的姓氏起源非常古老，很多时候已经很难弄清楚含义。就算一个姓用的字有比较常见的字义，我们也往往并不会产生很多联想。譬如很少有人会真的把李姓和李子联系到一起，更何况如前所述占汉语姓氏大部分的是地名起源的姓氏，这些姓氏对贵族来说往往来自封地，对平民来说则基本来自居地。尤其是在迁徙到外地之后更是有采用来源地为氏的做法，非常类似后来的"籍贯"。如楚国在攻灭江汉平原诸多小国后，这些小国的遗民就多以故国国名（基本也都是来自地名）为氏，和本来的楚人相区分。这类姓氏中的大姓一般对应当时国力比较强盛、人口较多的诸侯国。这很容易理解，因为这些姓初始的种子人口会更多，更容易发展成为大姓。譬如赵、宋、齐、秦、韩、魏、郑、吴等姓都是由周朝诸侯国中的大国发展而来。

南方非常普遍的陈姓，其基础陈国虽然算不上大国，但是陈国早早就被楚国征服。陈国所在的河南南部是古代人口非常稠密的地区，楚灭陈后大量的陈国后人向南迁徙，在南方开发的过程中占得了先机，使得陈姓成为南方最大的姓之一。

在开发比较早的中原地区，人们直接以地名来作氏，而在当时的华夏文化圈外围，由于多民族混居，有些人就直接以民族来源为氏。如春秋时期就有长狄侨如，在原来楚地出土的里耶秦简中，也出现了几个"蛮某"。以"蛮"为氏，则这些人应该本属于南方蛮族，加入楚地社会体系之后，就以民族属性为氏。

地名之外，身份、父亲的字等，都可以被用作一个人的氏。早期的氏相当自由，甚至有些人也可能会有多个氏。如春秋时的郑相子产，因为父亲字"子国"，就以"国"为氏，同时因为家族居住在郑都的东里，所以也可以称东里子产，还因为是国君之孙也为公孙氏。

还有的氏其实来源于姓的特殊转化。春秋战国时期楚国曾经长期被北方中原诸国视作蛮夷之邦。若论起源，楚国祖先本来来自中原地区，历史上先是从祝融之墟（今河南新郑）迁往河南南部的淅川一带。西周中晚期才进入汉水流域。楚国早期青铜器的形制也与中原一带基本一致，楚国王室对自己的世系追溯也相当清楚，比吴国泰伯奔吴的故事要可靠很多。

然而楚国人名中往往也有一些较为古怪的名字。如楚国著名的令尹子文，是楚国王室的分支，为鬬氏，名为鷇於菟。这个名字的含义《左传》明确给出，就是老虎哺乳的意思。其中老虎对应於菟。这个名字显然很难用普通的汉语来解释。

春秋时期也多有北方诸国之人听不懂楚人说话的记录，因此当时楚地的语言应该和北方有所不同，里面掺杂了一些南方当地语言的词。按照传统的说法，楚国王室是芈姓熊氏。不过这个说法很有可能有问题。"芈"的写法最早出自秦国的《诅楚文》。楚国是战国时期秦国的主要对手之一。秦国诅咒楚国的文章里对楚国自然也不会有什么好话，其中带有侮辱性的把楚国的姓写成了表示羊叫的一个字。楚国自己则把王室的姓写为嬭。后来由于秦国文字成为标准文字的基础，我们才把楚人的姓写成了芈。

然而和其他上古姓不同，嬭姓似乎只和楚国王室有关。考虑到楚国王室为熊氏，今天壮语、泰语等语言的熊就是 me\mi\mui，和嬭读音接近。楚国可能一开始采用这个来自南方部族的词作为楚人的标识，即姓。由于这个姓的来源最早并非汉语，也没有合适的汉字表示，于是楚国人就用了音译的嬭来书写。嬭字加上女旁看起来就和多数上古姓更加接近了。

从氏来看，传世文献里楚国王室的氏是熊。但是先秦时期楚国人自己写的时候一般写作酓氏。这个字的本义是饮酒，和今天的"饮"字关系密切，上古时期和"熊"读音稍近，并且楚国人确实有崇拜熊的现象。如楚国追溯祖先有个叫穴熊的人物，可能就是人格化的熊神。所以可能起初楚人确实有过以熊为氏的阶段，或者说早期的楚国直接把自己的姓的音译版本当作"姓"，意译版本当作"氏"，后来楚国王室认为这种以猛兽为氏的做法不大雅观，就改为了一个当时的近音字。但是其他国家，尤其是主要对手秦国仍然坚持把楚国的氏写成熊，甚至把楚国的姓也写成了表示羊叫的字——羋。

从中国的姓氏起源来看，制造姓氏的方法和其他文化还是颇有共同之处。和其他文化有所不同的是，中国的姓较少有来自某位祖先自身生理特征或是绰号的。大概姓氏就算可以改易，对中国人来说终究是个较为严肃的话题，尤其是氏在起源时本是对有身份者的尊称，中国人并不习惯在正式称呼中像欧洲人那样用诸如"小个子（法语姓 Petit）""胳膊壮（英语姓 Armstrong）"作为区别标识。

尽管当今中国的姓中，地名来源的姓占据了数量上的绝对优势，但是从人口来说，李、王、张这三个中国最大的姓，则并非来自古代的地名。

三大姓中，李、王孰前孰后，不同的资料有不同的结果，不过这两个姓人口的规模数一数二则并无争议，张姓处于第三大姓的地位也基本是确定无疑的。这三个大姓对其他姓氏有着压倒性的优势，三大姓加起来的总人口占全国总人口四分之一左右。

有趣的是，这三大姓都不来源于地名。中国古代并没有叫李、王、张的地名，更没有叫李国、王国、张国的诸侯国名，按道理来说，这三个姓似乎并不具备发展壮大的先天条件。

但是，在全世界很多文化中，有一类姓是由职业发展而来的。这类职业姓由于跨越了地域限制，其中由一些常见职业形成的姓会发展得相当庞大，譬如英语世界第一大姓 Smith 本来是铁匠的意思。在古人的生活中，铁匠极其重要，数量也很庞大。人数极多的铁匠群体就为 Smith 姓的登顶打下了良好基础。而中国的三大姓，李、王、张也正来源于这种职业姓。

这其中，王姓最容易理解。王字从古至今意义变化不大，是用来指统治者的。王作为氏，最主要的来源是周王室的各个后代分支。由于来自周朝的王室，就以"王"作为氏族标识。

我们之前已经多次展示，由于贵族阶层相对来说生活更充裕、资源更丰富，在古代会有更高的生育率，代代累积下的人口膨胀是相当惊人的。王室作为贵族中的贵族就更不用说了。就算作为旁支，社会地位有所下降，一般来说仍然能够在一段时间内保持更高的生育率。其中一些分支更是长盛不衰。譬如中古时期著名的琅琊王氏和太原王氏，都是从汉朝延续到唐朝的望族。两者同宗同源，都是延续自秦国名将王翦。传统说法认为，王翦的祖先是周灵王的太子王子乔。实际上王翦家族在王翦之前缺乏记录，王子乔和王翦的关系、甚至王翦与琅琊王氏和太原王氏的具体关系，都很难坐实，似有攀附之嫌。但是无论如何，这两支王氏家族是实打实地显赫了好几百年。在那个讲究出身门第的年代，王氏一直以顶级贵族的面目出现，以至于有"旧时王谢堂前燕"之说。

以今天的中国人对古代的想象来看，一个家族自称"王氏"，可能大逆不道。但在中古（大约在魏晋南北朝至隋唐时期）以前，想要加入王氏并没有太大障碍。除了周王室的后代，商朝王室的后代也有姓王的。甚至战国时期田齐的后代，在丢了齐国王位之后，也有改姓王的，两汉之交的篡汉的王莽就是这支王姓的后代。可见在当时，拥有这么一个姓并没有什么难度。历史上有记载的改王姓事件多不胜数。我们甚至可以合理猜想：早在战国时期，不少王氏可能根本不出自周朝王室或者各诸侯国公室甚至贵族家庭，而只是有些普通家族为了抬高自己的身价，故意自称王氏。反映到Y染色体单倍型的特性上，就是王姓人士的Y染色体单倍型类型非常复杂。中间占据较大优势的分支，占比也远远不及同为大姓的刘氏。比如，目前看起来较为广泛分布在山东地区和浙江地区的王姓人口，其中的O-MF23934染色体单倍型一系，共祖时间为2340年前，很有可能就是诞生了王羲之等名人的头等士族——琅琊王氏的所属类型。琅琊王氏和太原王氏是王氏家族中最显赫的两支，而且按照传统说法也应该同宗同源，家族发迹很早，如果是其他姓氏，恐怕会在姓氏内部占据相当的优势，但是这个Y染色体单倍型类型在中国的王姓男性人口中占比顶多也就在1%上下，可见王氏在遗传学上的来源之复杂。至于理论上应该和琅琊王氏同宗的太原王氏，家谱自称属于太原王氏后裔的王氏家族中Y染色体单倍型的类型多种多样，横跨O、C等类型，至今难以确定中古时代的望族太原王氏究竟是哪个类型，甚至是不是当时就已经血统复杂。

在中国姓氏中，李姓是唯一一个从人口上可能和王姓一争高下的姓氏。自古以来，李姓就是中国数一数二的大姓。然而，古代并没有一个叫"李"的地名。和王姓一样，李姓也是从职业发展而来。在今天，"李"指的是一种水果。以中国古代的农业习惯来看，一般来说，大多数农民会以种植粮食为主，兼种些经济作物，很少有专业种植果树的农民。在商品社会建立起来之前，指望靠着专门种植李子，以李换粮为生，这是一件很高风险的事。社会中不可能存在一大批专业李农。所以，早期的"李"并不专指今天说的李子，而是泛指各类果实。就算如此，专业果农在当时也是不常见的。

既然李姓并不是因为祖先爱种李树，那李姓又是如何而来的呢？

传统说法认为，李氏出自皋陶。皋陶在舜帝时就任"大理"之职，他的三子恩成继承了"大理"之职，辅佐夏启，从此以理为氏。这也是唐朝皇室采信的版本。只不过这个故事很难说有多少事实依据，皋陶毕竟是一个传说中的人物，乃至舜帝是否真实存在也有存疑。就算这两个传说人物确实存在或者至少有原型，先夏时期的官职体系和后世也很不一样。以目前能见到的史料来看，"大理"作为官职名称是在西汉景帝年间，由廷尉改来，这个时间点相距先夏时期有数千年之久，皋陶不大可能任职"大理"，更别说子孙后代世袭罔替了。

但是，这个并不是很靠谱的故事却可能隐藏着一个重要的细节，即"李"并不是真的来自李，而是来自"理"。

李氏的发迹史非常奇特，在春秋时期还基本默默无闻，到了战国晚期突然膨胀，史籍中不断涌现出以"李"为氏的人物。但是战国七雄里并没有李国，诸侯国也没有出现大量李氏卿大夫以作为人口快速繁衍的种子。这说明大量出现的李姓很可能并不是因为生育率优势的逐渐累积，而是从其他的氏改过来的。

确凿无疑的"李"字最早发源于战国时期的秦文字。战国时期文字并不统一，如"李"在楚国的文字写法就是上"来"下"子"。这个经常出现的楚人氏，好歹还较为明显，和秦国的"李"能对应上，然而在其他各诸侯国的文字中，"李"几乎是无影无踪。

以后世李姓分布之广泛、人口之多来看，这个氏在战国时期绝对不可能是仅仅分布在秦、楚两家的地方性的氏。尽管战国的李姓名人的确实有不少秦人和楚人，但著名的政治家李悝就是来自魏国的李氏名人。另一边，赵国则有李牧和李兑，前者还被中古时期著名士族赵郡李氏认作祖宗。从李氏各支系的追溯来看，甚至可以说，包括山西在内的华北地区才是李氏发源的核心地区，而地处秦、楚的李氏，反倒像是扩散或者移居到当时位置较为边远的诸侯国的。因此，战国时期其他诸侯国不可能没有李氏，只是李氏的"李"字，在秦、楚之外，不一定采用这一写法。

在李氏种种可能的写法中，最容易想到的就是理。虽然后世的李姓追溯到大理的传说未必可靠，但是春秋时期确实已经出现了里氏，在这些里氏中，至少其中一部分很可能就是后来的李氏的前身。在战国到秦朝的文献中，"理""李"可以通用，如"受理"写成"受李"就相当常见。这两个字今天在普通话里是同音字，在古代也一样。"里"和"理"只是加了个形旁的区别，在文字尚不稳定的先秦时代，一个字也经常会出现加形旁和不加形旁的不同变体。

尽管"大理"是后来出现的官位，但早在先秦时期，中国人就把许多办事人员称作"理"，皋陶曾经担任"理"职也是上古时期就已经存在的说法。这个用法延续到了今天，我们仍然会使用诸如"经理""监理""助理""副理"这样的词。

这也解释了李姓是如何发展为大姓的：可以想象，正如中世纪欧洲村子里都有铁匠一样，先秦时期的各类机构也总是会雇用大批的办事人员，这些理事员就以他们的职业"理"为氏，或许也可以简写为"里"。这是一个相当庞大的人群，给后来的李姓打下了非常扎实的基础。

不过事情还没有那么简单。上古时期和"李"读音相近的并不止"理"一个字。只是下面这些字，用今天的普通话可能就没那么容易识别了。

汉语中不少字互相之间其实有派生关系。在派生初期，其语音尚接近。我们的祖先也能意识到这些字之间的派生关系，有时候干脆在字形上不作更改，有时候也会采用同个声旁加上不同形旁的方法书写。譬如"登""蒸""增""层""升"，这些字都有"上升、高"的意思。今天我们从这批字的读音仍然可以看到韵母的共同之处（都是 -ng 结尾），声母则变化比较大了。这一系列的字就组成了一个词族。天长日久，属于一个词族的字意思发生演变，读音也可能变得不再接近，我们就把这些字当作各自独立的词来使用了。

"理"和"李"就同属于一个相当庞大的词族，这个词族的意思和"处理、整理"有关。我们今天的文字使用中，李字的指代范围已经基本缩窄为姓氏和一种特定的植物。作为植物的"李"大概只是一个凑巧同音的字,并不属于"理"的词族,但是常用词"行李"则保留了上古时期的用法,和古代的"受李"相当类似。

除了完全同音的李、理,这个词族的成员还包括吏、史、使和事。这些不同意思的字,在商朝的甲骨文中还尚未分化,统统使用一个字符书写,这个字符就是今天的"史"字的前身。早期,这个字符的形状类似一个手持某种工具的人。"吏"和"事"明显是由"史"分化而来,"使"是加了个形旁,"李"则可能是把字符下半部分换成了"子",字形又稍作演变的产物。"理"则虽然语言上属于这个词族,但是文字则另有来源,属于借用了同音字或近音字来表音。

在这个词族中,"吏"和"理"仅有声调上的区别,意思上也相当接近,指的是办事人员。在古文字的用法上就有写李为吏的现象。如赵国名将李牧,在一件战国时期的弩机上,他的名字就被写成了"吏牧"。说明在当时的赵国文字中,李氏是写成吏氏的。

"吏"和"理"属于一个词族,尚且容易理解;但是"史""事"又怎么会和读音相差悬殊的"理"扯上关系呢?

这要从上古汉语的特点说起。

我们仍然从"吏"出发。"吏"是"使"的声旁,也就是说，在祖先造字的时候，他们认为"使"的读音和"吏"足够接近，因此吏作为声旁可以起到提示语音的作用。这种提示如果放到今天的普通话乃至几乎所有的汉语方言里，只会起到误导作用。我们上古时期的祖先并不会干自找麻烦的事，因此这种读音上的相近在当时必然是存在的。

今天普通话以声母l开头的字，在上古时期多数是以r开头的。我们可以从一些周边语言的早期汉语借词中，发现这个r的踪迹。如越南语把房梁称作 rường，牛栏称作 ràn。这两个词都是汉朝时从汉语进入越南语的。而到了唐朝晚期，进入越南语的汉越音，即越南语对汉字梁和栏的读音，则分别读作 lương 和 lan，这说明从汉朝到唐朝间汉语发生了从r到l的音变。

因此，吏、李、理这几个字，在上古时期的声母一度是r，这些字和史、使、事的关系则可能和上古汉语的复辅音有关系。今天的汉字用各方言读声母基本都是一个辅音，但是在上古时期则可能有由两个或两个以上辅音组成的声母，这些复辅音声母经常采取某个声母加r的方式。我们一些看起来奇怪的形声字很有可能就是这些复辅音造成的，譬如"各"是"路"和"洛"的声旁。

这些复辅音有些可能是词根的一部分，有些则可能是起源自有语法功能的前缀。在声母前添加的 s- 前缀，是上古时期一个常见的词缀，在上古时代可能有重要的语法功能。这个前缀继承自汉语、藏语和缅甸语等语言的共同祖先——原始汉藏语。我们至今仍然能够在汉语的亲属语言中看到 s- 前缀的影响。这个前缀很重要的功能是把动词变为使动词。如缅甸语 အိပ်（ip）是"睡"的意思，添加了 s- 前缀之后的 သိပ်（sip）就是"使睡"。类似的 s- 前缀在汉语中也有，譬如"亡"和"丧"，"亡"表示"消亡消失"，"丧"则有两个读音，平声（第一声）的读音前缀的作用是使得本来的动词名词化，即和"亡"有关的情况，如"丧事"等；去声（第四声）的读音前缀的作用是将动词及物化，即让宾语"消亡消失"，如"丧子"，理解成使动词也未尝不可，即"使子亡"。在上古时代"亡"的读音是 mang，今天一些南方方言，如粤语的读音还相当接近，"丧"则读 smang 之类的音。当汉语语音演变使得原本的复辅音声母发生简化时，本来的 sm- 就变成了 s-。

"史"的读音就很有可能是本来的基础声母 r- 加上前缀 s- 形成的 sr- 演变的结果。不同于 sm- 在后来 s- 前缀完全鸠占鹊巢成为唯一的声母，sr- 则发生了融合，s 受到 r 的影响出现卷舌化，变成了今天普通话里的卷舌音 sh。本来表示"处理、整理"的动词词根"理"在添加了 s- 前缀后，变成了名词"史",即办事员。

今天我们说的词"历史",本指"史"在特定范围的产物。早期的史则可以指各种事情。处理各种事物的官吏,也可以被称作史。在一些比较古早的词中,"史"仍然有办事人员的意思,如太史、长史、女史等。"使"的意思和"史"颇为接近,或者可能"使"本身就是 s- 前缀让动词使动化的结果,可以理解为"让处理"或"使处理",并且进一步转化为受命办事的人员(特使)。至于"事",有可能也是这个词族的进一步派生,"士"也是如此,古文字也出现有把"卿士"写作"卿李"的,《左传》的人物"士离"在《史记》中写成"李离",可见"李"字在古时也能表示更加复杂的读音。在战国晚期分化的吏字则可能是这个词族某个词去掉前缀的一种分化形式,用来专指某类办事人员。

由于这个词族早期意思和语音上的联系相当明显,因此在先秦时期经常用一个字形来书写。尤其是在三晋(韩、赵、魏)的私印和铜器铭文中,出现了大量写成"史/事/吏"的氏。由于三晋文字这几个字尚未完全分化,很难说得清楚当时到底写的是哪个字。就譬如之前说的"李牧"写成"吏牧",如果说写成"史牧"或者"事牧"也未尝不可。

从遗传学上看,尽管李姓作为中国数一数二的大姓,Y染色体单倍型多样性非常高，但是其中的 O-Y29876 和其下游分支仍然非常突出，这个大约发生在距今 2400—2500 年左右的突变，可能对应早期李氏族群的扩散。今天属于这一 Y 染色体单倍型的人，分布中心正是华北旧属三晋的地区。而在其下游，距离非常近、可能只相差一两代的 O-FT299443 染色体，则对应今天华北地区的许多史姓人士。可见毫无疑问，不少史氏和李氏有共祖关系，二者很有可能是一个氏，由于写法不同而造成分离。可以合理推测，在三晋地区曾经有规模相当庞大的"史/事/吏"氏（下文称史氏）。这些三晋的史氏移居到其他国家，尤其是秦和楚之后，他们的氏就按照当时或许是很常规的做法，直接转为李氏。

留在三晋地区的史氏，则在文字被秦文字统一之后，有的选择按照秦国的习惯写成李氏，有的则选择直接按照文字对应关系写成秦文字的"史"。从今天两姓人口上的悬殊差距来看，可能前者是更为通常的做法，但是有些地区可能政策执行尚未到位，就直接按照"史"来写。随着后世"史"和"李"读音差距的扩大，人们渐渐忘却这两个氏本来的共同来源。史氏就把自己的先祖追溯到周朝太史史佚而非皋陶了。

值得一提的是，尽管史氏起源于华北地区，今天史姓的分布也是北高于南，但是南方却有一个高频出现的地区——

江苏溧阳。这支史姓的先祖是东汉初年的溧阳侯史崇，由于发展较早，史姓成为溧阳的著姓，位居溧阳第四大姓，远胜史姓在全国80位左右的排位，人口大约占溧阳人口的2.5%左右，不可谓不兴盛。今天南方许多地区的史姓都把祖先追溯到溧阳史崇。但是这支史氏家族的Y染色体单倍型标记O-MF20640，却并非之前所述的华北地区李氏/史氏常见的O-Y29876的下游类型。可见，作为庞大的"办事员群体"，李氏/史氏的源头确实相当复杂。

张姓起源的传统说法是来自黄帝的孙子挥，他是弓的发明者。据说他是在观星时观测到了组成弧的张宿（南方七宿之一），这才得到启发，挥担任弓正的职位，负责制造弓。因为射箭时有张弓的动作，挥就被赐姓张，作为后世张姓的祖先。

这个传说存在漏洞。如果说"皋陶为大理"这一传说当中，出现了把后世的官位安到了远古时代的问题，那么张挥造弓则恰恰相反。中国早在远古时代就已经出现了弓箭，可以作为箭头使用的石镞至少有28000多年的历史。最早的弓实物则是浙江出土的漆弓，距今8000年。总之，都远远早于传说人物黄帝可能生活的年代。可以说，早在中华文明成型前，就已经有了弓。因此，不可能有人因为发明了弓，又因为运弓需要将其张开，所以得氏为张。

我们仍然需要从氏产生的周朝古文字，来推算张氏的来源。除了传说中的张挥，张氏最早的知名人物可能是周宣王时期的大臣张伯和张仲。遵循古代伯仲叔季的排行传统，两人是兄弟关系。北宋官员和学者刘敞曾经在西安收购了一些青铜器，里面有出自蓝田白鹿原写有"张仲""张伯"的两件青铜器，它们在当时分别称为张仲簠和张伯匜。这两件青铜器今天均已经不知去向，但在当时广受包括大名鼎鼎的欧阳修（他是刘敞的朋友）在内的广大金石学者们的追捧，留下过一些记录，乃至这个"张"字也被临摹了下来。这个所谓的张字看起来有点像"弡"，刘敞和欧阳修均认为就是张字，似乎确实在西周宣王时就已经有了张氏。

可惜的是，这个最早的张氏名人事件，可能是一场乌龙。把这个字解作张，早在北宋时期就有不同意见。到了清朝，又有一个青铜器上出现了"张叔"，此时已有学者提出这个字大概可以解作"弭"。到了20世纪，蓝田又挖出了一系列青铜器。由于有大量较为清晰的原始铭文作为参考，学者们发现，这个家族的氏其实就是"弭"。蓝田一带在周朝有个弭国。弭仲、弭伯和新出现的弭叔，应该都是出自这个弭国的公族，以地名为氏，并不是张氏。弭仲和弭伯也并非周宣王时期的张仲和张伯。

实际上张氏在早期几乎都是写成"长"氏，这个氏早在西周时期就已经出现。如西周穆王时期曾经有一位长由得到了周穆王的嘉奖，他将这件事情记录在了一个青铜盉里。加了"弓"形旁的"张"氏在战国才开始出现在燕国和楚国等地的文字中。先秦典籍里，有些张氏人物的氏还在张和长之间摇摆。譬如《墨子》里面提到了"张武"，此人在《左传》中称作"长武子"。我们今天看到的传世典籍，很多文字会按照后来的规范重新厘定，《墨子》应该也是如此。

给"长"氏增加偏旁的初衷是为了让文字更加精确，把作为氏的"张"从常用字"长"的使用中剥离出来。虽然今天看来大家意见很统一，都是加"弓"，但是在战国时期也有加上其他偏旁的。譬如河北中山国的文字就有加绞丝旁的。此外，楚国文字和汉朝印章都显示，当时还有一个"伥"氏，来源不明，可能是"长"添加偏旁时的另外一个写法，或许是因为汉朝皇室来自楚地，因此继承了一些楚地的用字习惯，后来，伥氏从历史长河中消失，有很大概率是直接串入了张氏。不过战国时期仍然存在直接写作"长"的，并且尚是主流。"张"这个写法成为唯一的标准，已经是汉朝以后的事了。这种早期写法与汉朝以后相差巨大的情况并不是孤例。另一个大姓"赵"，在战国时代基本都写成"肖"。汉朝以后则基本都添加了走旁，变成了"赵";杨姓则由战国时期包括"阳""昜"等在内的数个氏组合而成;来自楚国王族分支的景氏在楚国实际是写成"竞"的。可见汉朝之前中国人对于氏的改变确实较为随意,汉朝以后这种无特定原因、大改写法的事就比较少了,但是仍然有一些姓的写法,直到更晚的时期才演变成今天的样子,如辽东大姓"佟",直到东晋时期,朝鲜乐浪郡的辽东移民首领——佟寿本人的墓葬中,自己的名字还是写成"冬寿"的。

作为后世张氏的主要来源,长氏则类似李氏的前身那样,来源于各类机构的工作人员。不同的是,他们在得氏时可能层级要更高一些,混得更加如鱼得水,已经成为了长官。因此被周围人尊称一声"长某(某)"。不难想象,和李氏一样,这些长官们在遗传学上当然不会是单个源头,而是由许许多多的分支组成。这样一来,上古中国各地担任过长的家族就为后来的张姓打下了良好的基础。这些家族在当时的社会环境下,自然也会有更高的生活水平,有可能繁衍更多的后代以实现长(张)氏的扩张。

由于三大姓的来源突破了血缘和职业的限制,因此李、王、张三大姓的多样性程度非常之高。尽管今天三大姓人口众多,但是其同姓人士有血缘关系的可能性其实要远低于来源较为单纯的姓氏。所谓"河海不择细流,故能就其深",正是由于三大姓的来源广泛，李、王、张早在战国到秦汉这一时期就已经奠定了自己在中国姓氏中翘楚的地位，并维持至今。如果没有什么重大意外的话，在可预期的未来，三大姓卓尔不群的状态还将长期持续。

第五章
瓶颈与奠基者：姓氏的地域分布与迁徙

迁移过程中的两种效应

中国不同地区的姓氏分布有较为明显的地域差别。在生活中，人们虽然未必能说得清楚某个姓氏在某地比例到底有多高，但是在长期耳濡目染下，终究会在脑子里留下一些姓氏和地域关联的印象。

给你一个姓"林"的名字，其他任何信息都没有。你会不会觉得这位林先生或林女士最有可能是福建人？同样，你可能会觉得某位"熊"先生大概来自江西；而一个姓"佟"的人，就有很高可能是来自东北。

各地的中国人往往会编出一些关于本地大姓的顺口溜或者谚语。如福建的"陈林半天下，黄郑排满街"。福建省前三大姓氏确实是陈、林、黄，这和北方省份常见的李、王、张三大姓排列组合完全不同。而郑姓在福建其实算不得超级大姓,只能排到第八,但是也远远超过它在全国第二十左右的排位。能够挤进谚语,部分原因可能是郑姓在福建省会福州的存在感要比它在全省还要更强一些,是福州的第四大姓。至于福州姓氏的前三名,当然毫不意外的是林、陈、黄。熊姓在全国是人口排行七十左右的中等姓,在江西则能排到第二十左右,而在南昌高居第一大姓,地域特点极其明显。佟姓在全国范围内是人口排行二百开外的小姓,但是在东北一些地方能够排到前二十,可见分布之集中。

那么中国的姓氏为什么会呈现这样的分布呢?这就得归因于贯穿中国历史的一个主旋律——迁徙。

一些古意十足的小姓,往往在华北中原地区较常见,如阴、郗、师、东野、第五,这些都是古书上能见到,而今天主要分布在北方局部地区的姓氏。华北地区存在这些古姓,是由于中华文明早期自北方兴起,夏、商、周的活动中心大约从渭河谷地的关中开始,向东延伸到晋南、河南中原地区以及山东西部一带,这里堪称华夏文明的摇篮。早期的姓氏也多产生于这一地区。今天中国各地的家谱也通常将祖先追溯到中原地区。

中国古代人口迁徙最主要的方向是由北向南。当人口南迁时,假设迁移人口是从本地人口中随机选出的子集,那么很有可能并非所有姓氏的人都会参与迁徙。何况有组织的人口迁徙对家族能够调动的资源有极高的要求，小姓往往意味着家族在之前不够昌盛，可能并无南迁所需要的物力、财力和社会关系。就算跟随南下，也可能是以逃难的方式，死亡率较高，而且有概率因依附豪族而导致改姓。在种种不利因素下，许多小姓要么并未参与南迁，要么南迁人口过少，加上改姓因素，最终在南迁之后绝嗣。因此相对各个大姓，这些上古时期就在华北流传的姓氏在南方传承的机会就小得多。如果把姓氏的传承看作生物学传承的话，这就是出现了"瓶颈效应"（bottleneck effect）——在遗传学中，瓶颈效应的定义是：在进化过程中，当种群内个体数目因某种原因急剧下降时，不管这个种群的个体数目扩展到多大，种群的遗传变异都会严重丢失的现象。在这里的意思是：只有部分华北姓氏会打通这个瓶颈，迁到南方地区。

在一个较为成熟的社会中，姓氏的大小格局一旦形成就有着强大的惯性，很少有家族能够长盛不衰。在一个社会的稳定时期，姓氏之间很少会有长期性的生育率差别。譬如华北中原地区，后人根据汉朝印章和史料整理出了汉朝姓氏的大致格局，除了刘姓的异军突起，其余和战国时期差别不大。汉朝的姓氏大体格局更是延续到了现代。像刘氏这样坐稳几百年皇位、获得黄金发展期的姓氏并不常见。如宋朝和明朝的国姓赵和朱，可能因为本来就是大姓，加之时代离现代相对较近，因此即使有几百年国姓的历史，也没能从前十的大姓跻身为李、王、张这样的超级大姓，顶多可能是两姓内部出自宋、明两朝宗室的比例高了一些。

但是在南迁过程中，姓氏的分布格局就可能会发生很大的变化。一般来说，迁入地的人口密度较低，那么迁入的姓氏就有较大的发展空间。如果身处一个移民社会，那么该社会的人口流动性也会增加，一些本来在原居地生活条件一般的家族在新的环境中可能会扶摇直上，导致生育率上升，发展成为世家大族；相反，原有的钟鸣鼎食之家也可能会在迁徙路上因财产丧失、对新环境的适应性不佳等原因，渐渐泯然众人。

随着当地人口密度逐渐提高，耕地等资源渐趋紧张，人口扩张的速度就会逐渐下滑，新的稳定格局就趋于形成。这个格局和迁出地原乡的姓氏分布就可能会有相当大的差别，这就是"奠基者效应"（founder effect），在遗传学中的意思是，一个新的群体只由几个个体建立的极端情况。

我们以一个离现代较近的外国例子来说明迁徙对姓氏的影响。加拿大魁北克省是北美少有的以法裔人口为主的地区。

魁北克省今天有大约700万法裔人口，由于法国自然条件较好，近古时期人口密度又相对较低。进入殖民时代后，法国人对移居殖民地的热情远远不如英国人和西班牙人，尤其魁北克气候苦寒，更是让习惯了温和气候的法国人叫苦不迭。因此尽管法国想尽办法鼓励国民移居魁北克，甚至国王路易十四亲自资助了716名法国女性移民魁北克（这批移民被称作"国王的女儿"），最终移民魁北克并留下后代的法国移民大约只有8573人左右。今天的700万法裔魁北克人大多数都是这8000多名奠基者的后代。

魁北克虽然气候严酷，但是土地广阔肥沃，相当适合农业发展。几乎敞开供应的土地让迁入魁北克的法国人有条件生育更多的子女。早期的魁北克女性平均每人会生育7—8名孩子，这还只是因为在卫生条件尚不发达的时代，生育是一件危险的事，如果一名魁北克女性有幸活过整个生育年龄，没有因为难产等原因去世的话，她会有11名左右的孩子。魁北克的出生率长期保持在50/每千人之上。设想一下，这意味着每年每10对夫妻中就有一对生了孩子。当年访问魁北克的欧洲人都为魁北克人的孩子之多感到震惊。魁北克的高出生率一直维持到了20世纪60年代。从1760—1960年的两百年时间中，魁北克的人口增长了80倍，在这期间，还有大量魁北克人因为种种原因从魁北克迁出，算上这些外迁侨民，则增长率还会更高一些。

但是因为早期移民魁北克的法国人数量极少，并没有从法国各地区各阶层广泛抽人远渡重洋，因此在移民魁北克的法国人中奠基者效应极其明显。法国姓氏发展历史不长，哪怕到了今天集中度也不是很高，法国本土最大姓 Martin 不过 10 万人，约占全法国人口的千分之二不到。这个姓是一个典型的"名转姓"，姓 Martin 的人是因为某位得姓之初的祖先叫这个名字，所以后人的姓参照了这个名字。然而这个姓在魁北克则排名前十都不到。今天魁北克的第一大姓氏为 Tremblay。这个姓来自于一个法国地名，即"山杨树村"，叫这个名字的村在法国西北部有很多，不过这个姓在法国仍然是名不见经传的小姓。在 2005 年，魁北克有 8 万姓 Tremblay 的人，法国本土则只有 1000 人左右。目前魁北克的 Tremblay 都是 1647 年从法国移民加拿大的 Pierre Tremblay 的后代。Pierre Tremblay 本来出身自法国西北部的一个普通家庭，因为受聘担任公务工作来到魁北克。他一生有 12 个孩子，当前整个北美洲大约有 15 万 Tremblay 的直系后代。从基因传递的角度上看，Pierre Tremblay 移民魁北克是一个相当正确的决定，一个平平无奇的小公务员竟然就这样成为了超级父亲。

南方大姓——陈、林、冯迁移史

由于中国姓氏的历史和迁徙的历史远远比魁北克要长，许多细节已经不能像 Tremblay 家族的发迹这样环环相扣地重构。但是南北方姓氏分布的差别仍然有很明显的瓶颈效应与奠基者效应的影响。

最有南方特色的超级大姓应该是陈。陈姓是目前全国排行第五的大姓，人口上仅仅落后于李、王、张三大姓，而和排行第四的刘姓差距不大。但是，陈姓的分布非常有地域特点：在广东、福建、浙江等东南沿海地区是第一大姓，而在北方河南为第六大姓，往更北的山西则只能排到第八。

从陈氏的起源来看，陈氏来源于陈国，这是周朝初年分封的一个为继承夏朝法统而生的诸侯国，公室号称是夏禹的后裔，封地在今天的河南东南部到安徽北部一带。这片地区地势平坦，自古就是人口密度相当高的区域。进入春秋时期，陈国南方的楚国逐渐强盛，发展为当时的超级大国。由于陈国难以与楚国抗衡，加上陈国历任国君颇有一些荒诞之举，陈国数次被楚国攻灭，最终被楚国全盘接收，陈地成为了楚国的一部分。

楚国陈氏能成为数一数二的大氏，有可能是因为楚国本地人的氏多种多样，尤其楚国王室并不称楚氏，但是从旧陈地来的楚国人都以陈氏称呼，反而使得陈氏能压倒楚国的其他氏。当时南方开发程度远远比华北、中原地区低，楚国一向以地广人稀著称，陈地成为楚国的一部分后，陈氏移民开始迁移到楚国各处，人口增长相当迅速。

陈氏除在南方人数众多外，在北方也有个不小的分支。今天的田姓来源于田齐的氏，即战国时期齐国本来的公室被田氏所取代。这支田氏的祖先来自陈国。陈国的陈厉公在政变中被杀，他的儿子公子完没能继承陈国的君位。后来公子完害怕被陈君杀死，就逃亡到齐国避难。按理来说公子完应该属于陈氏，但是可能由于在他国避难的敏感身份，公子完并未选择以陈为氏，而是改以"田"为氏。

但是这只是传统上的说法。战国时代出土的青铜器显示，田齐的公室并没有改氏为田。战国时期齐国的铭文中仍然经常出现"陳""㤭""上陳下土"的写法，显然当时的田齐公室仍然高度认同自己是陈国来的陈氏。只是有时候为了体现自己的帝王身份，会在陈字下面加个土。《左传》等早期典籍中提到田氏家族时，也径称为陈氏。

今天的普通话和除了福建以外几乎所有的汉语方言里，陈和田读音差距都相当大。但是历史上陈和田曾经是近音字。

上古时期，两者的发音都接近ling，陈可能更趋于lring。只是中古以后，本来的l声母朝着不同方向发展。陈字的发音里l变成了d，又在i的影响下变成了卷舌的d，最终再经过辅音清化变成了ch，这种卷舌化的变化在福建的方言里面并没有发生，因此福建方言"陈"基本上声母仍然是d/t，在秦汉时期可能也有一些方言直接出现了r脱落的音变导致陈、田读音极度接近。田的l声母一开始也变成了d，但是由于田的韵母发生了低化从in变成en，所以这个d没有往卷舌方向演变。在今天江浙地区的吴语中，田的声母仍然是d，在大部分方言里，d又进一步经历了清化演变，变成了现在的t。于是本来读音相当接近的陈和田，就变成了两个读音相差比较大的字了。

由此可见，把陈氏改为田氏只是一个同音或者近音字通用的问题。当然，以今天众多的田姓人口来看，《史记》里面写田氏应该也是遵循某些地区或者家族的习惯，而并不是随便找了一个读音相近的字。

陈氏在山东发展一般，山东属于开发较早的地区，在战国时期属于齐国。陈氏虽然成功成为齐国王室，但也仅仅是一家贵族，在当时人口已经相当稠密的华北地区，也难以让陈氏取得在南方那样的大发展，加上陈氏后来还分流出了田氏，陈氏在北方也就难以复制在楚地的辉煌了。

从人口对比和陈国的历史进程来看，陈国公室的大部分后代按理来说应该在南方地区，然而由于南方陈姓人口规模实在太大，扩张成功且互不兼容的 Y 染色体单倍型类型较多，即华北地区的田氏的 Y 染色体单倍型相对今天的陈氏反而更能反映古代的陈国公室。

田氏是北方地区陈氏分流的姓氏。南方，尤其是楚国的陈氏大部分没有被改田氏的风潮波及。今天田姓的分布仍然相当集中地存在于山东、山西、河北等北方地区，贵州、重庆到湘西地区也有不少田姓，但是这些田姓大多数是在本地发展壮大的独立姓氏，或者是较晚的年代才从华北南下的，和陈氏无关。

北上的陈氏（田氏）来源较为单纯，更有可能是陈国公室的直系后裔。只是由于年代久远，历史上改姓情况较为严重，较难判断陈国公室属于 Y 染色体单倍型的哪一支。

有一个小姓可能会为解开这个疑团提供一些线索。

西汉初年，为了避免当地豪族作乱，朝廷将各地原本的豪族统一迁徙到国都长安附近。大概是因为原齐国王室的陈氏（田氏）力量强大、人口众多，又给迁入关中咸阳的陈氏（田氏）赐了新姓。这批新姓都是复姓，分别从"第一"到

"第八",中间的第五姓后期发展较为成功,并延续到了今天,至今仍然在咸阳当地繁衍生息。由于第五姓的人口规模相当小,他姓人士攀附改第五姓的价值不大,现今的第五姓应该多为东汉时期大司空第五伦的后代。这些第五姓的人士Y染色体单倍型配体多属两千年前基因突变形成的O-MF965染色体的下游。因此可以合理推测,战国时期的齐国王室以及更早的陈国公室应该是这个单倍型的上游类型。

在O-MF965上游的O-F4249单倍型大约形成于2900多年前,约相当于历史上武王伐纣、建立周朝时期。这个类型随机经历过一轮快速扩张,时间对应在陈国建国前后。而到了大约2500年前,下游的O-FGC23868出现大量分支。这个事件大概能和陈氏代齐的时间吻合,如果这确实是田齐家族,那么就说明在成功成为大国齐国的掌权者后,陈氏家族迎来了又一次的快速发展期。

但是要确认这个单倍型是不是真的是田齐王室甚至更远的陈国公氏,则还有一个很大的障碍。

华北地区陈氏(田氏)的大发展,有赖一位著名的历史人物——田常,他在历史上被称为田成子,也是第一个实现了专权齐国的田氏成员。田常对田氏宗族的发展团结非常上心,并且身体力行。他在齐国挑选身高七尺以上的美女,广纳后宫。后来，他还嫌自己孩子少，于是就让宾客和侍从随意出入后宫，以快速繁衍田氏族人。田常一生共有七十多个儿子，似乎也颇能对应 O-FGC23868 单倍型的大爆发，这个类型下面，目前已经足足有五十多个一级分支，形成了典型的超级父亲的星簇格局。如果史料记载真实，而且田成子的 Y 染色体类型确为 O-FGC23688，尽管田常对谁是亲爹的问题并不在意，儿子中必然有不少其实是他人的生物学层面的儿子，但仍会有许多也是他生物学上的后代。

经过了田常的操作，田氏宗谱和生物学的关联度大大降低，也很难保证作为田常宗法后代的第五氏，到底是不是田常生物学上的后裔。从 O-FGC23868 单倍型的分布来看，它在河南、山东、山西都比较高频，在陕西咸阳也相当显著。看起来倒是很符合田氏从陈地发源、在齐国发展，并被迁徙到咸阳的历程。但是从今天的姓氏分布来看，反倒是王姓占了最多人。这有可能是因为田齐后裔改姓了王，此外张姓和陈姓也不少，张姓或许是因为作为田齐王室后裔，后代里面担任各类"长"的比较多，至于陈姓多更不奇怪，毕竟田齐当年以陈为氏。然而在真的测定陈/田齐氏公室成员的古早 DNA 之前，这只能算是一个合理的推测。

相对陈氏在北方的曲折发展，南方的陈氏要顺遂得多。

南方陈氏中的 O-F317 是一个高频分布的单倍型。从全国范围来说，疑似陈国公室的 O-F4249 算是颇为成功的 Y 染色体单倍型，目前占全国男性人口的比重略低于百分之一，合计有 600 多万人。O-F317 稍逊一筹，约 400 多万人。但是在东南沿海地区，后者占据了绝对的优势。这个 Y 染色体单倍型在福建男性中的分布达到了极其惊人的 6%，在广东、中国台湾、海南、浙江也高频分布。由于唐朝以后福建人多地少，福建人尤其是闽南人热衷于外迁，今天的潮汕地区、雷州地区、台湾岛、海南岛和浙江南部苍南一带都是非常成规模的闽南后裔聚集地，零零散散的闽南移民则分布在从东北到广西的整个海岸线以及部分近海内陆地区。尽管他们可能已经不说闽南语，各方面的习俗也被当地同化，但是中国海岸线上常见的"天后宫"分布现象，一般都预示着历史上闽南移民的存在，这些移民带来了"天后"，也带来了自己的 DNA。O-F317 的基因突变大约发生于 1600 年前，时间上对应福建历史上所谓的"八姓入闽"事件，即，西晋永嘉之乱到隋唐时期，八个来自北方的大姓南渡进入福建，其中一姓即为陈姓。这个突变远远比 O-F4249 单倍型要晚得多，在 O-F4249 下游同时代的染色体分支中，没有哪个分支能够扩张得如此顺利。尽管今天属于这个单倍型的人中，姓陈的也只占到四分之一，但也远远领先其他姓氏了。

从 O-F317 的上下游分支来看，它和 O-F4249 并没有较近的共祖关系。他们的共同祖先是一万七千年前的 O-F450 单倍型，这个年代远远早于华夏文明史，此时陈国的祖先夏朝还是没影的事，更不要说周朝王室后代建立的陈国了。即假如第五氏和田氏确实是当年陈国公室的后代，而目前以福建为中心的这支重要的陈氏，其实并不是历史上陈国公室的直系后代。陈氏以地名为来源，陈地的居民不可能都和陈国公室沾亲带故，这也是可以理解的。若是这样，则陈国治下的某个小民靠着迁居福建后来居上，成功繁衍了堪比国君家族的后代数量，颇为类似当年从法国搬到魁北克的 Tremblay 家族。

同样值得一提的还有另一个福建大姓，林姓。如果说陈氏好歹还以历史上较有存在感的诸侯国——陈国，以及战国七雄的田齐氏作为姓氏基础，那么林氏则几乎纯粹依托福建翻了身。

林氏的始祖，按照传统说法，是商朝末年的大臣比干的后代。比干被商纣王杀害后，夫人逃至林中生下遗腹子坚，因此以林为氏。在春秋战国时期，林氏属于较有地域局限性的小氏，林氏人物很多出现在鲁国。福建林氏一般以西晋出生的林禄为先祖，林禄本居下邳，为琅琊王氏服务，在"永嘉南渡"时跟随琅琊王氏一起南迁到建康（今南京），并于公元325年奉敕镇守晋安郡（郡治在今福州），从此林氏入闽定居，开始在福建扩张。

"八姓入闽"是福建历史上的重要事件，但此事在年代上其实稍有先后。最早的是林、黄二姓，陈、郑紧随其后，剩下来的四个姓入闽要更晚一些。福建山多地少，两汉时期开发程度较低，并无豪族盘踞。因此林氏可算是占得了福建开发的先机，算是今天福建人口的重要奠基者。

和姓陈的O-F317一样，福建的林氏也有一个颇为优势的Y染色体单倍型——O-Y19688。这个类型在福建男性中出现的频率更是高达8%，其中林姓占比也达到四分之一以上，陈姓占此不足十分之一。考虑到陈、林二姓是福建最大的两个姓，二姓在历史上一定有许多收养、出继等人口交流，因此不少本来的林氏在今天姓陈也不足为奇（反之亦然）。

可以说，这两位生活在东汉到两晋时期的超级父亲是今天福建接近六分之一人口的父系直系祖先。再加上他们在其他省份的后代，两人的后裔人口数超过千万。这样强大的奠基者效应，对任何一个距今2000年不到的华北地区的男性都是不可想象的。

更有意思的是，今天山东和江苏也都有不少林姓人士。由于近代的闯关东浪潮，山东林氏北上，东北地区的林姓也慢慢发展成不容小觑的姓氏，出现频率比起河北等华北省份要高得多。山东的林姓主要有两个源流，一是作为林姓发源地的本土林氏，二是南宋时福建莆田的林氏经海路北上，定居胶东。从今天的Y染色体单倍型来看，鲁西的林氏属O型，胶东的林氏则分属O和C两型，属于C型的和属于O型的分离时间是以万年记的程度，说明二者确实不是一家。有趣的是，福建林氏大宗的Y染色体也属于O型，但是和鲁西的林氏没有较近的共祖关系。既然胶东林氏的宗谱上声称自己是宋朝渡海北上，那就并非本省西部林氏的自然延伸。今天一些胶东地区的林姓是O-Y19688单倍型的下游分支，确实是福建林氏的后裔。但属于C的胶东林氏实际上与福建林氏关系非常疏远，也跟本省西部的林氏没多大关系，这部分林氏的Y染色体单倍型属于C-CTS2657的下游类型。这个类型在胶东、辽东、朝鲜半岛连片地高频分布，可见他们是当地土著，不大可能是南宋时北上的福建林氏。有可能是这支林氏后来的祖先认同受到北上林氏的影响，也自认是莆田林氏了，也有可能北上的福建林氏在定居胶东不久，就由于收继等原因，家族中加入了本地土著男性。

呈现奠基者效应的还有冯姓。冯姓现今的分布相当奇怪，除了李、王、张这样的超级大姓，中国的姓氏会有明显地域分布上的倾向。如宋姓就相当偏重北方，梁姓则是典型的集中在广东。而冯姓却偏偏形成了两头重中间轻的格局，较为高频地分布在山西、河南和广东，而在地处两者之间的湖南等地反而呈低频分布。冯在山西和广东都是排行二十左右的大姓，但是在湖南则排行六十上下，差距一目了然。

一般情况下，这种跳跃式分布都有赖于某个迁出地的大姓家族在迁入新地后发展是否顺利，从而形成较强的奠基者效应。这样的奠基者效应，有时较有局限性。譬如北方的大姓史姓在江苏溧阳也是大姓，但其影响局限于溧阳一县和周边地区，尽管南方多地甚至韩国的史氏祖先都追溯到溧阳史氏，但这些地方的史姓人口并没有发展到可以影响当地姓氏格局的程度，史氏总体而言仍然是一个明显偏北分布的姓氏。冯姓则较为特殊，它在迁入地的发展较为顺利，成为分布广泛的省级大姓，但又没有像林氏那样大到明显超过原籍家族的程度，因此才形成现在的两头格局。

冯本来也是一个地名，冯地位于今天陕西大荔县，和山西仅一河之隔。当年晋献公同时把魏地和冯地封给了逃难而来的毕万，毕万的后代后来坐大，最终成为三家分晋中的魏国，在魏地的子孙就是魏氏，而在冯地的子孙自然就是冯氏了。由于毕万是周文王第十五子毕公高的后代，因此照理而言，冯氏不但和魏氏同源，而且和魏氏应该同为周王室的后裔。

冯氏形成之后向山西和河北扩散，中古时期有一支非常有名的来自河北的冯氏家族——长乐冯氏，这个家族从山西上党迁徙到河北，后来又在后燕当官，搬到龙城，即今天的辽宁朝阳。这支冯氏家族后来在乱世中夺取了北燕的政权，北燕后来被北魏所灭，冯氏家族一些人成为了北魏的贵族，其中最有名的大概是北魏冯太后。但是北燕昭成帝冯弘的一个儿子冯业遵照父亲命令果断南逃，投奔南朝，任罗州（今广东化州）刺史，从此其家族在岭南定居，以广东茂名为中心，形成了一个新的分支高凉冯氏。

冯业的重孙冯宝和当地俚人首领冼夫人结婚，更是大大扩大了冯氏家族的影响力，成为桂东粤西和海南大片地区事实上的统治者。他的孙子冯盎为隋朝的高州刺史，归顺唐朝后被授上柱国。当冯氏与冼夫人统治岭南时，岭南不少土著百姓尚无使用姓氏的习惯。在这样的情况下，百姓如果要为自己选择姓氏，经常会选择当时统治者的姓氏，一方面，这类姓氏在当地知名度更高；另一方面，也把自己划入了强大的宗族，可以获得诸多现实上的好处。

以统治者姓氏为自身姓氏的做法，和先秦时期各诸侯国平民以国为氏有相似之处，在历史上更是反复出现。朝鲜的最后一个王朝李朝和越南最后一个王朝阮朝，也都让李姓和阮姓成为了朝鲜半岛和越南的超级大姓。加之冯氏在广东掌权时广东人口密度尚低，有很大的发展空间，因此冯氏就成功在广东成为大姓。

冯氏南迁到高凉冯氏掌权，中间传承代数不多，脉络清晰，冯宝等高凉冯氏成员不大可能攀附长乐冯氏。今天的广东冯氏是O-F8下游类型，这个Y染色体单倍型是新石器时代的中国人的几个超级祖先之一，是万年内全国人口最多的支系。这也和华北旱作农业的发展息息相关，说明今天广东冯氏的相当一部分人口确实可能是南北朝时期长乐冯氏的后裔。但是北方冯氏则有不少是O-F11下游类型，两者分离在两万多年前而非一千多年前的南北朝。或许是因为长乐冯氏后来在北方发展并不如在广东时那样一帆风顺，因此今天北方的冯氏人口分布比广东的更加多元一些。

中古以后，由于中国各地开发都较为完善，人口密度提高，这样通过奠基者效应翻身的案例逐渐变得罕见，但是明朝初年的大迁徙仍然让西南地区出现了奠基者效应。保山和腾冲一带位于云南西部，宋朝时属于地方政权的大理国，元朝则由大理国段氏和蒙古梁王共同统治。明朝派出大将沐英征滇，成功从蒙古梁王手中收回云南。为了稳定云南局势，明朝组织了大量军户移民云南。这些移民在滇西地区尤其突出。移民来源大多是内地省份，尤以原籍南京附近的居民为主。根据明朝人的记述，在军屯移民之后，保山地区的风物、习俗、语言都与金陵城相当接近，永昌府城（今保山市区）更是号称小南京。至今，保山和腾冲方言还保留了大量明朝南京官话的特征。

保山地区各家族往往都声称自己祖上来自于这次移民，但这些家谱未必完全可靠。今天保山地区的段、杨、董、赵等大姓与李姓类同，这些大姓都是南诏和大理国时期就有的大姓，很有可能并非明朝迁入。

但是蔺氏家族，则真的是奠基者效应在西南边区的体现。

蔺姓是一个早在先秦时期就已经出现的古氏。蔺氏的先祖是韩氏的分支，在战国时期出仕赵国，被封在蔺地，因此得氏。蔺氏在赵国一度发展不错，赵国将军廉颇和相国蔺相如的故事广为流传。然而我们很容易就能意识到，在蔺相如大放异彩之后，蔺姓似乎就陷入了低谷期，汉朝以来很少有能够说得上来的蔺姓名人。从概率学上说，这说明蔺姓人口稀少。这种局面一直延续到了今天。蔺姓在姓氏排行中大约在 300 位左右，人口不到 20 万，对于一个从先秦时期就开始发展的氏来说，可以说是命运多舛了。

蔺氏发展较为不顺，可能是因为历史上遭遇了瓶颈。蔺氏虽然是韩国公室的分支，但在赵国的发展不尽如人意。蔺相如本人是靠当宦官缪贤的门客步入仕途，说明蔺氏家族已经很难为蔺相如的官宦生涯提供支持。蔺相如虽然依靠自己努力成为赵国上卿，但是此时赵国国势已经衰落。蔺相如约在长平之战前后去世，他生前最后留下的言论就是对赵括"纸上谈兵"的评价。长平之战之后，赵国逐渐走向灭亡，蔺氏家族自然很难依靠这个平台扩张了。

在全国其他地方碰到蔺姓人士的概率并不大，但是如果到了云南腾冲和梁河，你可能会惊讶于两地蔺姓之多。在这两个地方，蔺姓完全是日常生活经常会碰到的大姓。腾冲和梁河两地的蔺姓加起来，甚至有统计数据认为高达近5万人。腾冲、梁河人口加起来不过80万，蔺姓能够占到大约十六分之一，俨然是当地望族。这个人口数量很有可能有严重的高估，但是不管怎么说，腾冲和梁河的蔺氏人口规模不容小觑，也占了全国蔺氏总人口的很大一部分。

幸运的是，我们可以通过腾冲出土的明朝腾冲蔺氏家族的墓志和其他史料，来重构蔺氏家族的发迹史。

腾冲蔺氏的祖先是跟随沐英平定云南的军官，来自山西太原的蔺宗贤。蔺宗贤本人后来调往四川米易，他的次子蔺愈留在腾冲，参与了三征麓川，因为战功升为正千户，即成为腾冲千户所的最高军事长官。此时腾冲地区人口稀少，他有三房太太，后代极多，有10个儿子、5个女儿，去世时已经有37个孙子以及28个孙女。蔺愈的五世孙蔺大杲又至少有5个儿子。说明腾冲蔺氏确实人丁兴旺。正统年间，蔺景又由于纷争从腾冲城内逃到良姜洼（地名）建寨。农业时代，农村粮食充足，同时繁重的农业劳动也需要更多的劳动力支持，因此农村相比城市往往生育率更高一些。在各种有利条件下，一千多年来一直不算兴旺的蔺氏竟然在边地发展成为当地大姓，可见开拓新天地对姓氏发展的重要性。

中国人从中原向周边地区迁移，大致经历了"江南—华南—西南"的过程。在前几次移民浪潮中，都因为奠基者效应而产生了当地著姓，如陈姓、林姓、黄姓这样的幸运儿更是因为在南方的巨大人口规模成为全国的大姓。19世纪后期开始，主要由山东和河北移民主导的闯关东又掀起了新的一波浪潮。因为近代以前，东北的严寒气候加之清朝政府的刻意限制，使得东北人口密度长期较低，东北地区就如魁北克，一样是很适合产生奠基者效应的热土。但是，近代良好的交通条件加上清朝后期山东河北人口密集，导致闯关东的移民其种子人口数量本身就很庞大，能够较好地反映山东和河北地区本有的姓氏格局，除了华北地区一些小姓没有进入东北，瓶颈效应并不明显。闯关东的热潮发生后不久，中国就进入了现代社会，东北地区广袤的耕地有了机械种植。农村地区并未发生如魁北克早年那样持续几个世纪的生育浪潮，奠基者效应就弱了许多。加之东北和其他地区频繁的人口交流，因此东北地区的姓氏格局仍然大体接近华北，但是黑龙江的孙、于、姜等姓的排位仍然明显高于山东河北等人口来源省份。

从秦汉到现在的Y染色体单倍型的情况来看，全国范围内最成功的扩张者仍然是疑似刘邦家族的O-F155单倍型染色体，接下来则是福建的林氏和陈氏，东南一带的叶氏、沈氏等也榜上有名。事实上前十位中除了分布在全国的刘邦家族，其他几乎都是主要居住在南方的宗族，只有第9位是主要分布在河北的另一支刘氏，关于他们的故事，我们下一章还会详述。

总的来说，以秦汉时期到现在作为时间尺度，北方的家族数量多，但是单个家族人口较少。人口数量巨大的巨族则主要分布在南方。这和瓶颈效应以及奠基者效应脱不开干系。

第六章
同姓不同宗：同一个姓就是同一个祖先吗

滴血认亲有效吗？

我们之前已经看过了一些同姓来源不同的案例。姓氏作为血缘标记，其实并不算特别靠谱。本质上说，以古代的科技条件，父亲是很难确定自己和孩子之间的血缘关系的。人类作为胎生动物，怀孕和生产是由女性完成的。对于人类来说，除非出现新生儿被人调换之类的极小概率事件，否则一个母亲是完全可以确定子女和自己的亲缘关系的。一些人经常会觉得外婆是四位祖辈中待自己最亲的，爷爷则是相对最疏远的，这一现象其实是有着牢固的生物学理论基础的。四位祖辈中，外婆最能确认孙辈和自己的血缘关系，外公和奶奶各有一次出错的可能，爷爷则在两代传承中有两次出问题的概率，最不能确定孙辈和自己的血缘关系。

在中国古代社会，这个问题本质上是无解的。由于难以确定父系的血缘，因此历史上的父权社会就试图通过种种限制女性自由的方法，来确保女性不跟其他男性发生可能的接触，最后甚至演变出"饿死事小，失节事大"的严苛伦理。但是哪怕用尽了各种方法，"娃是不是自己的"仍然是封建社会时萦绕在许多男性心中挥之不去的阴影。我们在中国小说和电视剧里经常看到"滴血认亲"的桥段。这种滴血认亲法并非当代作者和编剧的杜撰，而是明朝以来就在使用的怪招。

可惜的是，滴血认亲并不科学，它准确率极低，而且会有很严重的误伤情况。更古老的验亲方法还有滴骨法，它出自宋朝名法医宋慈的《洗冤集录》，大体原理和滴血认亲差不多，就是在父母骨殖上滴血，假设血滴能渗入骨内就是真血亲。尽管《洗冤集录》是全世界第一本法医学著作，水平很高，但是滴骨验亲仍可以说是该书的一大败笔。

尽管采取了种种或有效或匪夷所思的手段，很多家族历史上还是会出现社会学意义上的父亲和生物学意义上的父亲不是同一个人的情况。除了所谓的出轨，也有正大光明出现此类情形的。中国传统的宗族严格来说并不是完全按照血缘关系，只要双方都认可，则血缘关系可以让位给社会关系。因此寡妇嫁人后子女改姓、收养后改姓之类都属于正常操作，且完全符合社会伦理。这样就必然导致姓氏和Y染色体单倍型的对应关系出现混乱现象。

名人后裔争夺战

家族传承的时间长了之后，多多少少会出现生物学和宗谱学矛盾的问题，古今中外的著名家族概莫能外。譬如曲阜孔府家族，他们都号称是古代圣贤孔子的后代，可如果再向前追溯，孔子虽然是鲁人，但是家族来自宋国的公族，宋国公族又是周朝专门留下的商朝王室后代，也就是说曲阜孔氏应该是商朝子姓王室的后裔。按理来说，曲阜孔氏的共同祖先——孔子生活的年代在两千多年前，Y染色体单倍型的分化距离应该在三千年之内；但是今天的曲阜孔氏的Y染色体单倍型类型多种多样，其中比较多的两类分属C、Q两个大分支，以分化年代看，绝对不可能是两千多年前的孔子后代所能分化出的。

在这两大类中，C支或许是正经的孔子后代。和许多发源于华北地区的世家大族一样，曲阜孔氏在历史上也有多次分支南迁的经历，其中最重要的是迁居浙江衢州的南孔分支。而历代南迁的曲阜孔氏家族，几乎都能检出这个支系的下游类型，尤其是在"南孔圣地"衢州，更是占据优势。属于Q系的家族则在金元时代爆发。这可能和曲阜孔氏发展过程中的一次重要的大宗更替事件有关。南北宋之交时，当时的曲阜孔氏大宗南迁浙江衢州，南宋时期，这支孔氏一直被认为是曲阜孔氏的主干。到了元世祖忽必烈时，曾经让衢州孔氏北归曲阜，但是当时衢州孔氏由于种种原因不愿意迁回北方，将衍圣公的爵位让给了留在曲阜的孔氏族人。

今天衢州的孔氏并没有检测出属于Q系的Y染色体单倍型，可见Q系大概率是衢州孔氏南迁之后才混入曲阜孔氏的基因库中的。孔氏历史上曾经有"孔末乱孔"的说法，即在五代时，一个名为孔末的下人把当时的曲阜孔氏大宗基本杀光，自立为嫡裔；后来大宗孔仁玉的乳母用自己的亲子代替，救下孔仁玉，孔仁玉长大后揭发了孔末，孔氏大宗得以复位。简而言之，这是一个非常类似春秋时期赵氏孤儿的故事。然而到了2008年，孔仁玉本人的墓志被发现，墓志铭上清楚记载孔仁玉九岁丧父，也并未发生"孔末乱孔"这样的戏剧情节。况且，五代在南宋之前，如果孔氏血统因为孔末出现混乱，那么应该也会反映到南迁的衢州孔氏的传承上。

但是从今天曲阜孔氏的Y染色体单倍型来看，曲阜孔氏可能确实发生过承袭上的混乱，只是炮制出"孔末乱孔"说的孔子第五十四世孙——衍圣公孔思晦，有可能是这起事件的获益者。这个故事，可能是为了避免曲阜孔氏内部出现争大宗的内乱而精心编造的。

不但一般的世家大族传承可能会出问题，哪怕贵为皇室，在森严的宫规下，也不见得能保证血统的"纯洁无瑕"。

刘备在中国是家喻户晓的人物，但凡知道一点三国故事的人都晓得，刘备逢人便介绍自己是中山靖王刘胜之后、汉景帝刘启的后代。因为东汉皇室也是西汉皇室的分支，因此汉献帝还称呼刘备为皇叔。

当然，"刘皇叔"的称呼只是后世演义所为，并不是刘备在世时确实存在的称呼。刘备由于祖上破落，世系有所不清，和汉献帝之间的辈分关系并不明朗。不过刘备为中山靖王之后，也就是汉室成员，这是当时所普遍承认的。在刘备生活的年代，不少汉室后裔都是中山靖王之后，原因无他，中山靖王在位期间不问政事，只顾吃喝玩乐，共有一百二十多个儿子。虽然中山靖王作为政治人物堪称平庸，但从为刘氏开枝散叶这一事迹来看，那是立下了汗马功劳。

由于河北地区（即中山靖王封王之地）刘姓 O-Y141213 型染色体高频出现，其最近的共祖时间也在 2100 年左右，河北地区刘姓和全国各地一样都是大姓，但是河北地区的刘姓 O-F155 单倍型出现的频率却要低一些，被 O-Y141213 型染色体占了位置。因此有人认为，这个和汉朝宗室同期迅速发展的Y染色体单倍型，或许是中山靖王刘胜的后代，在河北地区他们和其他地方的宗室一样扩散，反而挤掉了O-F155型的扩展空间。但是若O-Y141213真是中山靖王后代，而刘邦家族确实是O-F155型，两者分离时间在两万年以上，而且前者是来自南方的，则中山靖王就不可能是汉景帝的儿子，也不会是汉文帝和汉高祖的生物学后代。

这样的传承中出现尴尬情况的例子可说是不胜枚举。近一千年最成功的超级父亲之一应该是成吉思汗。由于在短时间内征服了极其广袤的疆土，成吉思汗家族实现了非常迅速的扩张。甚至在元朝以后很久，中亚到西亚很多国家的统治者都声称自己是成吉思汗的后代。中亚的帖木儿、喀山和克里米亚汗国的吉莱家族都是成吉思汗的子嗣。然而声称是成吉思汗后代的人测出了相当多种类的Y染色体单倍型，如著名的C-F3796，因为下游在短时间内产生众多分支，被称为"星簇"，按理说较为符合成吉思汗家族的发迹史。成吉思汗属于尼伦蒙古，即黄金家族，尼伦蒙古是成吉思汗的十一世祖母阿兰豁阿丈夫死后生下的几个儿子的后代，其中成吉思汗是最小的儿子孛端察儿的后代，他也是蒙古孛儿只斤氏的先祖。在现今自认为是尼伦蒙古后裔的人群中，C-F3796单倍型的下游分支确实也曾高频分布，但是更高频的分布则出现在哈萨克族人群中，尤其是哈萨克大玉兹中的克烈部。

星簇不大可能真的是成吉思汗与其后代作为超级父亲扩散所致。最大的原因还是形成时间，离星簇最近的共祖大约生活在2500年前，且不说远远早于成吉思汗生活的年代，也比尼伦蒙古的先祖孛端察儿还要早得多。因此成吉思汗至多是星簇这一类型染色体下游再度爆发的一支，而不会是星簇本身扩张的原动力。

让问题更加复杂的还有明朝时的达延汗。达延汗属于黄金家族，是成吉思汗的第十五代孙，也是最后一位一统草原的蒙古大汗，他的夫人就是33岁时嫁给7岁的达延汗的传奇人物——满都海。

在当时的草原，达延汗被公认是成吉思汗的正统直系后代，明朝人也经常称他为小王子。由于近代多个蒙古王公是达延汗的血脉，他们的后代测出的Y染色体单倍型数据也较为吻合，因此达延汗的Y染色体单倍型较为确定属于C-F9733。这个Y染色体单倍型并非星簇下游，甚至都算不上接近，二者分化已经几万年，达延汗后代和星簇的关系甚至不如清朝入主中原的爱新觉罗氏。爱新觉罗式的Y染色体单倍型位于星簇的兄弟分支的下游，这个分支与其有非常近的共祖关系，当今主要分布在满族和达斡尔族等的东北人群中，和星簇形成了东西两分的格局。如果成吉思汗确实是星簇下游分支的话，那么只能说，元朝北返草原之后的北元王室并非是他生物学上的直系后代。

除了星簇和达延汗的Y染色体单倍型类型，在自称自己是成吉思汗后代的男性群体中，还检测出了众多其他类型的Y染色体单倍型。甚至还有属于R、Q、O等多个大类的，其中还有疑似刘邦家族的O-155单倍型。由于成吉思汗本人和较近的子孙辈的遗骨尚未发现，因此，成吉思汗本人到底属于什么类型尚无定论。

第七章
异姓本一家：人在家中坐，改姓天上来

虚心纳谏与姓氏分拆

至此，主要讲的是同姓不同宗的情况。反过来说，姓氏不一样，也不见得就不同宗。原本同姓的家族也会因为种种原因发生改姓现象。

先秦时期同姓的家族随着时代发展，生齿日繁，采用不同的氏早已不足为奇。姓氏合流之后，理论上，新形成的冠在名前的姓氏不宜轻易更动，可是实际情况并非如此。

我们先前已经提到过，早期改姓颇有些自由发挥的味道，如耿雍因为读音而改姓简的事。汉末三国还有其他令人啼笑皆非的改姓事件，如曾经有位名叫是仪的官员，本来姓"氏"。但是被孔融嘲讽"氏"字"民无上"，建议他改成"是"。放到今天，笑话别人的姓氏并且建议他人改姓，很可能会招致一顿拳脚，但是仪竟然从善如流，从此真的改了姓。

是仪本是山东人，后来一部分后代南迁至江苏南部，结果留在老家的遭遇了绝嗣事件，南迁苏南的倒是发展状况还行，繁衍出 8000 人。

抛开这些较为奇葩的偶发案例不谈，不少改姓事件得归罪在写字上。我们在现代生活中早就习惯了一种语言会有高度统一的书面形式。但在以前，书写的规范要松弛许多。在很多情况下，一个人对自己姓氏怎么写，经常会随意发挥，这种情况在英语世界尤其严重，譬如一个通常写作 Goudie 的姓，其实和 Gadd、Gaddy、Gadie、Gaede、Gatt、Gaut、Getty、Goad、Goethe、Goldie、Good、Goode、Gott、Gouday、Goudey、Goudy、Gowday、Gowdy、Goyette、Guth、Guyette 等统统都是本家。追根溯源，这个姓的来源是 Gold 的昵称形式，用汉语释义大概可以理解为"小金"。因此，Goldie 可算是比较符合现代英语规范的拼写，至于其他形式，都是古代英国人按照自己口音和拼写习惯随手一写的产物。然而，就算在一般的词拼写标准化之后，由于姓什么是个人或者家族自己的事，姓氏的混乱拼写也往往不会加以修正，而是听之任之。

更严重的情况是有些时候，拼写混乱还会导致串姓。英语中有一个相对常见的姓 Galletly，这个姓本是来自苏格兰盖尔语，算是一个相当古老的苏格兰家族，本身就有 Gallightly、

Gellatly、Gellately、Gillatly 等种种变体姓氏。然而这个姓又和英格兰地区的一个姓 Golightly（意为行得快，祖先应该是送信的信使）发生了严重的混淆，一些本姓 Galletly 的人可能因为没有正确掌握拼写，抑或是想要抹掉自己苏格兰出身的关系，就改姓了 Golightly，从苏格兰裔一下变成了英格兰裔。

　　汉字从古至今的规范度比英文要高很多。这种因为根据自己口音乱写字，导致一个姓分成几十个的事情，在中国可说是闻所未闻。饶是如此，历史上姓氏的写法出现更动也是屡见不鲜。譬如之前提到过的"张"姓，在先秦更常见的写法是"长"，"赵"姓在先秦一般写成"肖"。也就是说，很多姓今天常见的写法是秦汉以后的产物。同样，汉印中还有一个出现多次的"膂"姓，有可能是"吕"姓的另外一种写法。此外，"郭"姓当时也有其他的写法。这些异体字的影响有的甚至一直传到现代，譬如从来源上看，岳姓的岳和表示山的"嶽"其实是一个字的两种写法，只是一个是采用会意法造字，一个采用形声字造字。在汉字简化之前，"嶽"的写法更为常见，如"五嶽""山嶽"都是这样写的，岳则一般只是作为姓氏用字。但是由于岳家人的习惯，也始终并没有采用通行字体来代替岳字。汉字简化时恰巧把岳扶正了，变相解决了岳有两种写法的问题。相对而言，负姓则没有这么好运，这个姓本是"员"的异体字。但是时间久了，贠家人逐渐认为自己是一个独立的姓，这个姓和作为常用汉字的员分开了，但是长久以来人们还是以员为正体。进入信息社会以后，本是异体字的"贠"一度面临电脑字库里没有这个字而打不出来的困境，以至于有些贠姓人士被迫把姓写成员。幸运的是，随着字库不断扩大，贠姓打不出的问题已经得到缓解，今天贠姓人士不必再为自己的姓氏烦恼了。有一些游姓的家族会把游字中间的"方"写成"才"，也偶有见到这些家族的成员呼吁把这个异体字扶正的，只是相对贠来说这样的呼声不成气候，常用的字库至今尚未收入。

这样的姓氏分拆一直延续到了近现代，就连几十年前的简化字也形成了新姓。如阎姓一度被简化为闫姓，萧姓则为肖姓，傅姓为付姓，戴姓为代姓。后来这几个姓氏在官方层面又恢复成了原有的写法，但是已经改姓的人相当一部分并未再改回去，因此今天这些姓就都发生了一分为二的局面。另外，让局面更加复杂化的是，这些姓氏简化时是根据普通话里面的同音字选择的，但是在一些方言中，改变前后的两个字未必是同音字，尤其是戴和代在南方许多方言中的读音是不同的。改戴为代后，如果是在这两字读音不同的地区，就确确实实分成两个姓了。不过，简化字并不只会拆姓，也会让原有不同姓氏合并，比如，鐘姓和鍾姓本是都存在的姓，后者比前者人数要多得多。追根溯源，这两个姓其实是同源的，前者只是误写，导致姓氏一分为二。在简化汉字的过程中，两者被合并成了钟，倒是解决了钟姓之前由于笔误造成的分化问题。

但是要说到文字差别导致改姓，影响最大的恐怕还是陈／田以及韩／何。陈氏和田氏的关系，我们之前已经讲述，韩氏和何氏的联系则更为隐蔽。从来源上说，何氏本是韩氏的一个音近写法。战国以前，韩的读音接近 gar，何的读音则是 gai，两个姓读音较为接近。在后来的方言演变中，中部和西部的方言一般把古代的 -r 归入鼻音 -n，东部方言则归入 -i。汉朝时，关于这两类方言的区别，也留下了很多记录。如《吕氏春秋》和《礼记》中，都提到了齐人和兖人把"殷"读为"衣"（这也是衣姓的主要起源）。而把韩读为何，可能一开始是江淮一带的方言读法，这一带的方言也属于东部方言。尽管到了今天这种汉朝时的东西方言分野早已不复存在，但是韩姓与何姓作为两个大姓，它们的分布仍然反映出古代方言的区别。韩姓在北方较为常见，何姓则在南方较多，尤其是江淮之间的江苏安徽等地。战国时期的楚国玺印中就出现了"可"氏。楚国文字当时并不区分"何""可"两个字，而把它们都写作"可"，因此，这个"可"氏很有可能是何氏。韩、何二姓的南北分家在当时或许就已经有了相当明显的趋势。这个南北不同写法的影响一直持续到今天。在今天的河南，韩姓为第18位的大姓，何姓则是第35位的姓。在湖北，何姓为第15位，韩姓为第65位。相邻的两省在韩、何二姓的倾向性上划然两分。在其他省份，何姓与韩姓也大体遵循南何北韩的规律。

何姓出自韩姓，两个家族的关联至今还有清晰的历史记忆，宋朝的字典《广韵》也说"何"是"韩"的江淮间音。不过在今天，华北地区的韩氏最大宗以及东南地区的何氏较大的一支家族，两者的Y染色体单倍型并无较近的共祖关系，两个姓氏之间的演变过程还有待继续探寻。

另一些家族改姓之后，可能会完全忘记本来的源头，或者出现溯源错误。如中古以后在南方爆发式增长的四明史氏，是一支来自宁波的史氏家族。在南宋时期，四明史氏多人官居宰相，地位极为显赫。就如南方许多地方的史氏一样，四明史氏出自溧阳史氏，在北宋时期南迁宁波之前，他们本来名不见经传，算是寒门庶族，但是可能在宁波东钱湖畔寻得了风水宝地，这次迁居以后竟然使得整个家族如烈火烹油，一路青云直上。

四明史氏发迹离现在较近，在宁波至今留有很多后裔，大体可以确定Y染色体单倍型为O-MF21337。奇怪的是，这个单倍型是在江浙地区非常庞大的O-Y137919单倍型,即疑似吴兴沈氏的下游类型,反倒与溧阳本地史氏高频出现的类型大相径庭。实际上,对溧阳史氏寻根溯源,其本身也不是毫无问题,如第四代溧阳侯史洽的年龄居然还要长于第三代溧阳侯史茅。更有意思的是,由于中古时期四明史氏的显赫地位,南方一些地区如湖南、江西、贵州、海南的史氏也宣称自己是四明史氏后代。今天溧阳史氏在南方的扩张,很多也是通过四明史氏为中介进行的。然而。这些南方史氏家族的Y染色体单倍型往往和四明史氏及溧阳史氏都没有较近的共祖关系。对此,合理的解释是,四明史氏的祖先其实本来和江浙地区的大姓——吴兴沈氏才是同宗。吴兴位于浙江湖州,离溧阳非常近,可能历史上确有溧阳的史氏血脉上是来自吴兴沈氏的。

由于外力强迫而被迫改姓的人群,其规模也不可小觑。丽江木氏土司曾经长期要求迁入的百姓必须改姓为和,一直到木氏影响力衰退、难以强迫人改姓,这才告终。历朝历代也都有赐姓的习惯,一般是把皇室自己的姓氏赏赐给功臣。浙江则有刘姓改金姓的传说。到了五代十国后期,浙江长期为吴越国所统治。吴越开国国王为钱镠,因为刘和镠是同音字,犯了吴越国王的名讳,所以刘姓不得不改姓。劉最早的含义是一种兵器，和金属脱不开干系，因此就改成了金姓。由于吴越国的统治范围不过是东南一隅，其他地方的刘姓则没有遇到类似的改姓压力。

如今，不少地方都有羌姓。大部分的羌姓和古代的西羌并无关联（有关联的是姜姓），而是被勒令改姓的。罪魁祸首是宋朝开国皇帝宋太祖赵匡胤。他的名字中出现了常用字和较常见的姓氏"匡"，因此天下的匡姓就得要避讳皇帝的名讳。这种避讳在中国由来已久。《红楼梦》里有个有趣的细节，林黛玉每次念到"敏"字时都读作"密"字，写字碰着"敏"字亦减一二笔写成错字，因为要避讳母亲名字中的"敏"字。

林黛玉避讳母亲名讳，毕竟只是她一家的事情，还不至于有什么社会影响。而五代十国时期，南吴的开国君主杨行密造成的避讳混乱可就大了。在南吴都扬州，当时的方言中"密""蜜"同音，因此南吴统治下，"蜂蜜"必须得改作"蜂糖"。此时北方很多地方，密、蜜尚且不同音（今天山东德州老派方言也还能区分），因此后来宋人评价，不同音的字也得避讳。这实在是做得太过了。

地方政权的避讳都能闹出这么大的风波，一国之君的名讳造成的混乱可想而知，因此后世宋朝皇帝往往会选用一个不常见的单字作为名，以降低避讳的影响。然而在赵匡胤的时代，匡姓需要避讳已是既成事实，按照常规操作，需要找一个读音较为接近的字改过去。就这样，"羌"入选了。

匡和羌在今天读音相差较远，但是在当时要接近得多。简单来说，在中古汉语里，"匡"的韵母并不是今天的 uang，而是 üang，一个在普通话和大部分方言里已经消失的韵母。如果用汉语拼音模拟，当时的"羌"读音为 kiang，"匡"读音为 küang，音近但是并不相同，这也是羌字被选中的原因。在普通话和大部分北方话里，üang 和 uang 后来合并到了一起。所以今天匡读 kuang。但是在有的南方方言里，üang 的读音多少有些保留，朝着不同方向演变，有的地方甚至和 iang 合并，如南宋时期的福建建阳。古籍中就有记录说"羌音匡"，说明当时二者已经演变为同音字。在今天江西的一些方言中，和"匡"同音的"框"字，在口语中读音和"羌"一致。在江浙地区的吴语方言中，很多则一定程度上保留了三个韵母的区别。今天从江苏南通到浙江的许多方言里，"羌"姓读音仍然比较特殊，和"匡"字同音或近音，说明当年的避讳只是改变了姓的写法，但在口语中人们仍然保持了"匡"姓原本的读音。

改为羌姓应该是江浙一带的主流做法，而在其他一些地区，为了避讳"匡"，匡姓人士还改成了不同的姓。如在一些地方，可能因为赵匡胤是主上，人们把姓直接改成了主氏。到了北宋末年宋徽宗政和年间，上头又认为姓主才是更加大逆不道，于是又将姓氏改为康氏。等避讳宋太祖的浪潮过去之后，又有一些康氏恢复为匡氏。今天在中南地区，一些康姓和匡姓男性中都测得了 O-MF5569 的 Y 染色体单倍型，说明二者在历史上可能发生过比较复杂的交缠关系。至于羌姓则人口稀少，尚待进一步研究。

口音趣事与强制改姓

和康、匡、羌的纠缠类似，超级大姓王姓也出现过类似情况。今天我们都听说过南方人黄、王不分的问题。但其实在更久远的年代，北方人对南方人的印象可能更多的是"王、杨不分"。

元朝《中原音韵》中谈及诸方语病时提到了某些地方的方言出现"王、杨不分"的现象。

简单来说，和"匡"的读音问题类似，在中古汉语里，"黄"的韵母是 uang，"杨"的韵母是 iang，都和今天的普通话差别不大。但是当时"王"的韵母却是 üang，一个在普通话和大部分方言里已经消失的韵母。在普通话和大部分北方话以及南方的粤语里，üang 和 uang 合并到了一起。中古时代"黄"的声母是一个比较浊的音 h，"王"是一个非常弱的浊音 h。在粤语中，这个声母彻底消失，导致黄、王同音，北方话一般将"黄"的声母演变成现在的 h，"王"的声母则消失了。因此尽管黄、王韵母相同，但是仍然能够以声母加以区分。

不过其他一些方言则出现了 üang 朝着 iang 的方向演变的倾向。假如彻底变成 iang，就很容易和"杨"发生同音混淆。历史上这种变化分布相对广泛，留下了很多痕迹。如南昌的朝阳洲，历史上是叫潮王洲，此处的"王"就读为"阳"，到了二十世纪六十年代才改名为朝阳洲。今天一般的南昌话则不会把"王"说成"阳"。

王、杨同音或者近音造成混乱，早在明朝就有出现。明代杨守陈的《浙江按察司按察使杨公瑄墓志铭》记载："公姓杨，讳瑄，字廷献，南昌丰城县人。其始祖曰王君权，唐季相南平王，累官金紫光禄大夫，居南昌之武宁。传十有五叶，至公曾祖回仲犹王姓。国初徙丰城占籍，始讹为杨。盖方言'王''杨'无异音故也。"也就是说，杨守陈的祖先迁居丰城之后，由于丰城方言王、杨不分导致稀里糊涂改了姓。

由于王、杨都属于多样性极高的大姓，两姓整体而言很难通过分析 Y 染色体单倍型找出其在历史上纠缠混淆的痕迹。

但是在一些小范围地域，历史上王、杨不分的影响则还可以体现出来。如浙江新昌的王姓。新昌是中古时代著名望族琅琊王氏南下避难后的重要根据地。王姓是新昌第一大姓，新昌有不少王姓人士是王羲之的后代。杨姓在新昌也是排行第九的大姓。按照家谱的说法，新昌杨氏是两位隋恭帝之一杨侗的儿子荣王杨白的后代，也就是中古大族弘农杨氏的后人。当地还有一个传说，称杨白的妻子韩妃为了不拖累丈夫而自杀，故今天新昌有一条河流名为韩妃江。

但是这个家谱的说法存在严重问题。隋恭帝是隋炀帝的孙子，史书没有记载杨侗的出生时间。但是已知杨侗的哥哥出生在603年，弟弟出生在605年。隋恭帝即位不久就遭杀害，很多人甚至不知道隋朝其实有三个皇帝，此时是公元620年。满打满算，杨侗也不过是个17岁的少年。杨侗在史书中并没有后代，就算真的有，在隋末的乱局中，一个婴幼儿能否死里逃生，这也是很值得怀疑的。退一万步说，就算杨侗真有儿子并且南逃了，当时也必然年纪非常小，绝对不可能发生韩妃自尽的故事。

事实上，根据Y染色体检测的结果，新昌的王氏有一部分和山东的王氏有较近的共祖关系，可能确实是琅琊王氏南迁的后裔。新昌的杨氏当中也有不少人和王氏Y染色体单倍型的关系密切。同时新昌部分的王氏族群中也流传着祖上曾经是杨氏入继的说法，可见历史上很有可能出现过因为王、杨同音导致的糊涂账。准确地说，和"匡""羌"情况类似，包括新昌在内的浙江北部吴语区域，实际上是可以区分"王""杨"，两者只是读音接近而已。但是假如碰上不明就里的外地人，就可能会产生疑惑。

这种王、杨不分的问题不仅仅发生在南方，北方的山西和陕西也会有类似的现象，山西西南部的一些地区，"王"的读音接近汉语拼音的 yue。这些地区的方言继承了中古时期的西北方言，和其他北方方言有相当的差异，因此都属于北方方言中相当难懂的一类。中古时代的西北方言有一个重要特征：后鼻音韵尾 -ng 都趋向于脱落、消失。这种现象基本出现在山西和陕西，在较为偏僻的小城镇和乡村地区则更加明显。大城市则由于后来受到外界影响，这种读音就少一些，但也并非完全没有。譬如西安话"横"就可以说 xue，郊区也有把"耕"读成 jie 的。有一些描述关中更偏远地区或者陕北地方的文艺作品，也会经常拿陕西人把"狼"叫"骡"的习惯来制造情节。

作为 ang 韵的成员，杨和王自然也逃不过这样的变化。大体上来说，山西西南的方言还是能够区分这两个字的，一般区分方法是王 yue 杨 ye（ye 音里的 e 读作普通话中 e 的发音）。还有一些方言则把王读成wo，和华北地区的方言一样丢掉i音。而在关中地区，这类方言中就真的可能发生王、杨同音的现象。如陕西合阳有个地名"油王村"，这里的王就读yo，和当地"杨"的yo音一样。但是后来在官话的强大影响下，很多本来"王"音近"杨"的地区，"王"的读音发生了改变，原本的读音只保留在一些老地名里面。

关中东北部和山西西南部位于晋陕两省之间，中古时代，东有太原王氏，西有弘农杨氏。历史上就有王、杨近音现象。今天全中国的大多杨姓把自己的祖宗追溯到弘农杨氏。然而历史上的弘农杨氏运气不是太好。弘农杨氏早在西汉时就是望族，但是西晋时太傅杨骏被皇后贾南风设计诛三族，牵连数千人，这也是后来"八王之乱"的前奏。永嘉南渡时，弘农杨氏南渡较晚，没能及时在江南落地生根扩大势力，之后南渡的弘农杨氏代表人物杨佺期又在"桓玄之乱"中遇害。此后弘农杨氏再一次兴起隋朝皇室。但是隋朝皇室尽管追溯到弘农杨氏，却不像真正的世家大族那样谱系清晰，而是中间几代相当模糊，以至于是不是真的弘农杨氏都很成问题。无论如何，隋朝皇室在隋末战乱中损失惨重，基本可说是被一窝端了。唐朝的杨贵妃家族也属于弘农杨氏，但是否真实也有争议。当代的杨姓作为人口大姓来源复杂，其中有些家族还能明确记得自己是王姓改姓而来。除了新昌，江西九江也有家族虽然姓杨，但祠堂、家谱、墓碑等处所书全是姓"王"。这也是因为当地方言王、杨不分，导致户籍登记错乱。而且根据史料，这个错误发生在明朝初年，由来已久。因此，可以合理推测，历史上由于王、杨不分意外改姓的家族还有更多。

有些所谓的避讳改姓可能是后世的道听途说。有说法认为，汉宣帝时期因为汉宣帝名询，因此荀姓被迫改为孙姓。但是汉朝的原始文献并没有避讳荀姓的现象。而早在先秦时期，荀子就被称为孙子或孙卿，可见荀姓和孙姓的纠葛并不是避讳导致，而只是因为读音相近所致。但是年代较近的避讳改姓就有较为明确的记录，如1725年雍正帝下令，天下丘姓必须要避孔子名讳孔丘，把丘姓改为邱姓。由于政策执行力度的差异，此次改姓在华北地区较为彻底，华南的丘姓则大多没有改，本来的丘姓就分为了两个姓。

被统治者更改姓氏还有一种更恶劣的形式——有的时候君主会专门赐予恶姓。三国时的吴主孙皓强令投降司马氏的孙秀的族人改姓厉氏。后来吴国丞相万彧触怒孙皓，族人又被改姓厉。唐玄宗也曾经把部分支持太平公主的李氏族人改姓厉，可见厉这个姓确实很受想要侮辱臣下的君主的"青睐"。南朝齐武帝萧赜曾经赐姓给叛逆的族人"蛸"氏，即章鱼。

和南齐沾亲带故的南梁萧家也继承了这个传统。这次倒霉的是梁武陵王萧纪，兵败被杀后还被赐姓"饕餮"。当然最别出心裁的还是女皇武则天。她杀害了王皇后和萧淑妃后，改王皇后的家族为"蟒"姓，萧淑妃的家族为"枭"姓。建立周朝后，起兵反武的李唐宗室成员被赐了"虺"姓。武则天对自己的娘家人也没有手软，曾经对她母亲不恭又轻慢过她的两个堂兄被杀，族人改姓为"蝮"氏。一代女皇武则天对蛇虫和鸟可谓情有独钟。

总之，在种种原因下改姓其实相当常见。假如O-F155染色体单倍型真的是刘邦家族的标识，则在两千多年的历史传承中，多达五分之四的刘邦后人最终改成了其他姓氏。事实上，如果是秦汉时期产生的Y染色体单倍型，一般来说传到现在最大的姓一般都只占20%左右的人口。我们可以较为肯定地说，虽然当代大部分中国人的姓和明清时期的祖宗应该是一致的，然而和秦汉时期姓氏合流时，我们的生物学祖先选择的姓氏，可能只有五分之一左右的人还保持一致。总而言之，从今天的Y染色体单倍型来说，中国历史上改姓现象其实是相当频繁的，所谓"行不更名，坐不改姓"只不过是理想情况罢了。除了因为血统混乱导致客观上稀里糊涂改了姓，很多时候，改姓更是出自自愿或是被迫之下的无奈之举。

第八章
你会读姓吗：姓氏读音知多少

这个姓怎么念？

我们在日常生活中总会遇到一些"不知道怎么读别人姓"的尴尬场景。譬如许多人头一回接触"解"姓时候，并不知道这个姓不读 jiě 而得读 xiè。知道"盖"姓读 gě 的人更少，以至于已经倒逼了不少姓盖的人不胜其烦，自己主动把姓读成了常见读音 gài。这类现象在旧时还要更严重一些：如果查字典，很有可能会发现"叶公好龙"这个成语有时候会被标音为 shè 公好龙。这个叶公本来就是叶氏的老祖宗，也就是说至少在以前，叶姓是有 shè 的读法的。只是在文字的影响下这个读音渐渐被 yè 彻底取代了。

更有甚者，如果碰上"乐"姓，那么到底该读 yuè 还是 lè，只能问本人才知道：这其实是两个来源截然不同的姓，可以认为只是凑巧写成了一个字，至于一位乐姓人士到底属于

yuè还是lè，除了依靠籍贯等信息推测，最准确的办法就只能询问本人了。

姓氏读音是一个较为特殊的问题，在世代传承下很多时候我们对于自己的姓应该怎么读会有相当顽固的习惯。中国向来有"名从主人"的传统，一个人的姓名是其身份重要的一部分，因此在很多时候我们会依照本人自己的意愿来读。举个著名的例子，作家贾平凹的"凹"字就依照了本人习惯读了wā。相比个人的名字，代代相传的姓氏与地名读音一样，不但传统的力量影响更大，人数也更多，读音情况就更加复杂了。

方言对读音的影响

姓氏读音，首当其冲的是方言问题。汉字是一种高度标准化的文字。中国各地的方言差距巨大，操着不同方言的人对姓氏的读音也不一样。这些不同的姓氏读音互相之间的对应规律，一般还是遵从各地方言语音上的对应规律。譬如在中国各地，"李"的读音会有一定差别，但从大体上来说，这种差别和中古时期同音的"理"字在各地的读音有差别是同一回事。

如果是使用拼音文字，李姓在各地不同的方言中，读音可能会有不同的拼法，甚至天长日久会被当作不同的姓。我们的近邻，同样使用汉字姓名的越南就遇上了这个问题。越南的黄姓就因各地方音不同，而冒出了 Hoàng 和 Huỳnh 两个形式。前者北方居多，后者南方居多。这个区别最早起源于避讳。越南经历过北方郑主和南方阮主并立的时期，16 世纪中后期到 17 世纪初年，统治越南南方的第一代阮主名为阮潢。很不巧，"潢"和"黄"同音。为了避讳阮潢名讳，阮主统治区的黄姓人士只得稍微改一下自己姓氏的读音，读为 Huỳnh。北方的郑主地盘则没有这个避讳。等到阮主统一越南、成立阮朝时，已是多代之后。当年郑主和阮主长期以广平府的争江为界，因此争江以北的黄姓就未受到这个避讳的影响。尽管越南今天已经基本不用汉字，但是越南人仍然能够知道这两个姓都是"黄"，只是写法不同而已。但是移民海外的越南人则不同，由于所在国不一定有汉字文化圈的知识，在统计时就会把这两个姓彻底拆开。越南的武姓也由于类似的原因，拆成了 Vũ 和 Võ 两姓。

汉字的统一标准确保了各地的黄都是一个写法。中华人民共和国成立后，推广汉语拼音和普通话，因此不同地区的黄姓在写成拼音时也都是一样的，就不会出现诸如北方地区的黄姓读 huang、广东的黄姓读 wong、上海的黄姓读 wang 的状况。

然而早期的海外移民，则往往既不会普通话也不知道汉语拼音，他们的姓氏一般情况下就以自己所说的方言为基础，直接用外语标注读音。由于早期华人移民尤以来自福建、广东等华南地区的人口下南洋为主，因此今天南洋地区华人的姓氏拼写就形成了非常有意思的混杂现象。同样，中国香港和澳门地区以粤语为日常交流语言，在拼读拉丁化时也多采用粤语语音，这和中国其他地方使用汉语拼音的习惯有着很大的不同。

首先可以看一下福建地区的四个大姓——陈、林、黄、郑的情况。

林姓在南洋经常被拼为Lim。这是因为华南方言比较保守，能够区分中古汉语的-m和-n两种鼻音，这种区别在中部和北部的方言中已经消失。因此福建和广东的方言普遍可以区分"林"和"邻"。林在闽南话和潮州话中就读为Lim，南洋闽南潮州裔的林姓华侨也多写为Lim。然而在马来西亚诗巫，华侨以福州后裔为主，福州话在韵尾区分方面比较类似中部长江流域的方言，前后鼻音不分，更别说能够分出-m和-n了，福州裔的林姓就基本上拼写为Ling。广东裔的林姓，则由于粤语读音的关系，一般写成Lam。这个姓氏在一些考据欠佳的新闻报导中时而会有被误译为"蓝"姓的情况。实际上尽管蓝姓华侨也有可能被拼为 Lam（粤语林、蓝读音只有元音长短的区别），但是蓝姓本是很小的姓氏，人口规模上远远不如林姓，碰上的 Lam 姓人士实则姓林的概率远大于姓蓝。

如果让习惯汉语拼音的人来看 Tan 姓，大约会觉得是谭姓的可能性比较大，但是实际上，多数姓 Tan 的海外华人是陈姓，这个读音也来自闽南/潮州话。就像我们之前所说，陈姓的读音转化为卷舌音是中古以后的事，这也是为什么后来北方不少陈氏改为了田氏。福建方言从主流汉语中分化出去的时间特别早，很多方面保留了更古老的读音，陈的声母没有发生中古以后的卷舌化音变，在原本的浊音 d 的读音清化之后就读成了 Tan。福州后裔的陈姓则是 Ting。陈姓也是广东大姓，广东陈姓移民大体分为 Chan 派和 Chin 派。前者是珠江三角洲以及粤西和桂东的粤语移民，后者则是说着粤东客家话或珠江三角洲西岸四邑地区（今江门）的四邑话的移民。

黄姓则形成了极其复杂的交叉对应。北方人经常有"南方人黄、王不分"的说法。南方黄、王不分其实并不是近现代的事，早在宋末元初，俞琰的《书斋夜话》里面就说："闽音王为黄，越音武为姥，吴音余为奚、徐为齐，杭州人金为斤、阴为因，齐人鸡为赍、吃为抉，皆乡音也哉。"俞琰本人是苏州人，对吴越和山东方言可能较为熟悉，对闽音的描述实际上是有问题的，但是足以看出当时已经出现方言中黄、王不分了，而且这种方言所在地应该位于华南。

黄、王不分这个说法在粤语中大体是奏效的。粤语黄、王读音均为wong，但是由于广东黄姓人口多于王姓，碰上个Wong先生，如果没有其他任何信息提示，称其为黄先生，蒙对的概率会高一些。然而在闽粤地区其他方言里，黄、王的读音就往往能够区分，只是区分的方法就有点出人意料了。

如果说林姓和陈姓在闽南地区内部读音大体统一，那么黄姓则不然。在泉州、厦门和潮州一带，黄的读音是Ng。这个读音早在清朝时就被一个北方人留意并大为惊讶。在1722年的《台海使槎录》中，巡台御史黄叔璥惊叹道："郡中鴃舌鸟语，全不可晓。如刘呼涝、陈呼澹、庄呼曾、张呼丢。余与吴侍御两姓，吴呼作袄，黄则无音，厄影切，更为难省。"

黄叔璥自己是北京人，对当时台湾几个大姓的读音都用北京话的读音记录下来。从读音来看，这显然是一种比较偏向泉州腔的闽南话。黄读Ng虽然初看很奇怪，实际却是符合当地方言发展规律的。从闽语各地方言的比较来看，其实在古代闽地，"黄"的韵母和北方话并没有太大差别，也是 uang。但是后来这个 a 在闽南语中发生了元音高化，变成了类似英语 get 里的 /e/ 的音。同时本来的 -ng 韵尾也不够稳定，从扎实的鼻音变成了发元音时两只鼻孔同时出气的鼻化音，即变成了 uen。随后这个 e 的音继续升高成 i，就变成了现今漳州腔、海陆丰地区以及海南岛当地"黄"的读音。这个读音在英国人听来和 Wee 差不多，就被写成了 Wee。或者在印尼等地，由于早期殖民者来自荷兰，就按照荷兰语的拼写规律写成了 Oei。而在泉州、厦门、潮州等地，这个读音进一步弱化，变成了一个光杆鼻音，黄姓就成了 Ng 姓。

"ng"作为韵母在北方方言中不大常见，顶多是用于口语中表示答应的嗯一声或者哼一声。但是在华南地区的方言中还是很常见的。譬如上海话和广州话的"五"都是读 ng。但是这个 ng 的来源和闽语的完全不同，都是历史上 ngu 发生音变导致。因此粤裔华侨的 Ng 姓主要来自"吴"和"伍"，和"黄"完全没有关系。而吴姓和伍姓在闽南裔那边又是拼写为 Go 的。

至于王姓，虽然在华南地区这个姓比黄姓人数要少，但是作为全国性大姓，人口的绝对数量也不容小觑。粤语中黄、王不分，因此王姓和黄姓一样都是 Wong。闽南王姓写成 Ong 居多。从语音角度来看，这是个"文读音"，即闽南话形成之后又从北方引入的一套读音。和北方话的读音接近。这套文读音里其实是区分黄、王的，黄的文读音为 Hong，只是作为本土大姓，闽南人一般不会把作为姓氏的黄用文读音读罢了。但是这可能是年代较近的现象，在更古早的闽南话中，王姓还是读为 Heng 的。如厦门有个地名叫珩厝。当地叫"某厝"的村落一般来说就是以某姓为主的村，但是"珩厝"是个王姓村，之所以写成古怪的"珩厝"则是因为地名中保留了王的旧读，然而随着闽南话"王"的读音从 Heng 转变为 Ong，人们逐渐忘掉了"王"还有 Heng 的读音，就把村名中保留的旧读换了个字书写了。而在潮汕地区，王的读音正是 Heng，这个读音就是所谓的"白读"。来自粤西和海南的一些移民后裔把王姓也可能读为 Ui（Wee），与黄相同。严格来说，这并不是由于当地方言黄、王不分，而是因为当地王姓较少，直接把王姓当作黄姓处理了。至于历史上会不会有一些王姓之人稀里糊涂变成了黄姓，那也是有可能的。但是要论起读音造成的姓氏混乱，黄、王不分只是小问题，涉及面更大的还是王、杨不分，这种情况我们之前已经提过。

郑姓的声母今天也是一个翘舌音，和陈姓情况类似，郑姓的翘舌音也是由古代的 d 声母发展而来。粤裔华侨的郑姓一般就是 Cheng，但是福建和潮州华侨的郑姓是一个鼻化读音的 Te。这类的 e 就类似汉语拼音的 ei 去掉 i 的音。不过现代英语其实很难表示这个 e。往往只能使用 ay 之类的拼写权且替代，因此郑姓就经常拼为 Tay。如果祖籍来自泉州厦门一带，这个 e 又进一步变成了鼻化读音的 i。因此会出现拼写为 Tee 的情况。Tay 的拼写有时候又被表示为戴姓，如果不会写汉字的话，那么姓氏最终就乱成一锅粥了。

我们可能会发现，这种早期拼写中，很多今天我们用汉语拼音 b、d、g 所表示的音会被拼为 p、t、k。这并非是以前的人耳朵不好导致的误写，而是因为汉语拼写和西方语言中的 b、d、g 性质不同。汉语拼音的 b、d、g 表示不送气的清音，p、t、k 则表示送气的清音，两者的主要差别在于发音的时候会不会有一股气流冲出口腔。感兴趣的读者可以把食指竖在口前大约 5 厘米的位置，然后分别说一下 ba 和 pa，就会很明显感受到说 pa 的时候会有一股气流冲向食指。

传统上，西方语言对这种送不送气的区别并不敏感，我们的 b、d、g 和 p、t、k 在他们听来都是 p、t、k。他们的 b、d、g 则是浊音，即发音的时候声带会振动。有兴趣尝试的读者可以把手指放在声带位置，慢速说一下 aba 和 apa，当说到 b 和 p 时，声带会暂时停止震动，说明这两个都是清辅音。如果是西方语言发 aba，b 是浊音的话，发音时声带一直都会振动。

我们在学习英语时可能听到老师说过：sp、st、sk 的 p、t、k 会 "浊化" 成为 b、d、g。这就是因为英语的 p、t、k 放在字母s的后面发音时送气大为减轻，并不是真的变成了b、d、g。但是如果让母语是英语的人士判断，则仍然会把这种不大送气的清音判定为p、t、k。

由于英语p、t、k伴的发音有较强的送气，加之b、d、g在当代发音时浊度并不算高，因此就算代入汉语的发音习惯，也不会造成什么大的问题。但是如果碰上法语、意大利语、西班牙语或者俄语这样在清辅音上习惯于不送气的语言，那么中国人听起来就有些费劲了。互联网上经常会出现抱怨法语p、b或者t、d不分的帖子，这其实是因为说不同语言的人对不同语音的对立敏感度不一样而已。

中国人以前不用拉丁字母，早期的汉语拼写方案多由西方人设计，给西方人使用，因此拼写也按照他们的使用习惯，在他们听来，汉语只有p、t、k，没有b、d、g。因此无论是早期以普通话为基础的威妥玛式拼音，还是香港使用的粤语拉丁转写，都是只使用p、t、k。因此邓姓在早期经常拼为Teng/Tang，高姓拼为Kao/Ko，郭姓拼为Kuo/Kwok。

但是古汉语其实是有浊音的。真正的浊音仍然保留在江浙和湖南的部分方言里。但是这些地方的早期移民不多，而且也多使用官话拼音，方言拼姓的情况较少，但是偶尔也能见到把陈写成Zen，唐写成Down，徐写成Zee的情况。

以上的读姓问题，基本上是各地方言或者不同的转写方案造成的，时间多发生在近代，也和华人移民海外相关，但是还有很多姓的读法问题，值得更深入地探究。

上古时代的汉语语法和今天相比更加复杂，有许多词缀可以从一个词根中派生新的词。由于年代久远，这些词缀的意义和语法功能到今天已经不能全部还原。然而他们对姓氏读音的影响有时候仍然会保留。

譬如张姓来源于长，但是今天作"长官"解释的长和张，就有声调上的区别。华姓的声调和中华的华不同，是因为华姓来自地名，地名则有可能在上古加了某个后缀，导致声调改变。盖姓的 gě 音来自上古时期的入声调，gài 音则来自加了 -s 后缀的变体 gaps>gats>gas>gaih>gai。由于前者已经不太常用，很多盖姓人士自己也用上常用音了。

又有些词缀的影响不但作用于声调，对声母也会产生影响。"解"不读 jiě 而得读 xiè 就是这个原因。从语法起源上看，"解"的两个读音的差别，主要是一个是及物动词，一个是不及物动词，即 jiě 是要去解开某个东西，而 xiè 则是某物自己散开。

从上古时期的声母来看，"jiě"的古声母是 k，而"xiè"的古声母是 g。这是一对清浊交替的声母。这样的交替现象，在上古汉语中颇具规模。譬如"折"的两个读音也是如此。来自 g 声母的读音其实在后来文字使用上已经被澥所部分代替。今天在一些江浙的吴语方言中，说粥变稀就用澥，读音为浊音的 ga，保留了 g 的老声母。但是在后来的语音演变中，上古时的 g 变成了 h。

目前的解姓也是一个地名来源的氏，源自今天的山西解州。普通话把这个地名念作 hài 州。这是因为在北方话演变的历史上，今天的 xiè 音一度是读作 hiai 的。但是 hiai 是个比较绕口的发音，因此在简化时有两个常见的路径，一是从 hiai 变成 hie，再颚化变成 xie；二是 hiai 直接变成 hai。这些音变涉及的字数量相当多，譬如"鞋"在陕西就读 hai。此外，东北地区把"街"说 gai，也是出自类似的音变。南方地区则没有经历过 iai 的阶段，而是早早就变成了 ai。如果以普通话的基础——北京话来论，iai 变成 ie 是比较主流的变化。普通话今天把山西的解州念成 hài 州，是因为在地名上跟随了当地人的发音。但是源自解州的解姓早就分布在全国各地，因此就按照北京话的规律，演变后念成了"xiè"。话虽如此，至今仍然有不少解姓人士在说普通话时也习惯把自己的姓说成 hài。

由于姓氏代代传承，也有些姓氏的读音会保留一些古音的特征。上古时期的汉语是没有 f 音的，f 音的产生是到了唐朝才从 p、b 等声母分化产生。今天一些平时会读 f 音的字用在姓氏中就仍然会读 p、b。如繁姓和番姓。

单姓和普通的"单"字看起来读音差距非常大，其实这是语音演变的结果。在汉朝时，这个姓的声母仍然是 d，和一般的"单"字接近，但是后来姓氏用字产生了 i 的介音，发音变成了类似 dian 的音，这种读音是可以颚化的。到了中古时期，发音又转化为类似 jian 的音，再经过后来的卷舌化音变，最终就变成了 shàn。

有些由方言起源的姓的读音则顺利进入普通话，产生了类似广东的"黄"姓要读 Wang 的效果。

冼姓，很多北方人可能一辈子都碰不到一个姓冼的人。这个姓氏相当特殊，主要分布在广东，其他省份很少见，这个字也只用在姓氏上，没有其他的用法。在一些古代韵书中，冼字可以表示寒冷，但是这个义项的读音为"色拯切"，折换成普通话的读音是 shěng，和作为姓氏的冼其实无关。实际上，冼这个姓从古至今都有写成洗的，或者说，冼和洗本就是一回事，只是后来表示姓氏的意思出现分化，而产生了一个新的写法。

但是从今天来看，冼的读音 shěng 和洗的读音并不接近。这又是怎么回事呢？如果注意观察，可以发现"冼"是一个典型的形声字，以"先"为声旁。先和冼只有声调上的差别，用作声旁理所应当。但是洗却有点说不通。这其实可以追溯到东汉时的东部方言和西部方言的区别。上古时期，一个字的韵尾除了我们今天普通话仍然有的鼻音（-m、-n、-ng）和在粤语等南方方言中保留的入声（-p、-t、-k），还有一个比较特殊的韵尾 -r。这个 -r 到了东汉时已经趋于消亡。在当时的大部分方言中，这个 -r 并入 -n。然而在山东和江苏北部的青徐方言里，这个 -r 和 -i 合并了。这个现象在汉朝就已经被人留意，如东汉学者郑玄作注的《礼记》中的《中庸》篇就提到："衣读如殷，声之误也。齐人言殷，声如衣。"即山东人把"殷"读成"衣"。刘熙的《释名》则提到"癣，徙也，浸淫移徙处日广也，故青徐谓癣如徙也"。即把"癣"读成"徙"。大体上就是洗字在上古时期读音为 ser，到了汉朝大多数方言演变为 sen，但是在东部方言中变成了 sei。

在中古以前，汉语一直以中原方言为尊。因此这批字的大多数，包括"先、铣、筅"等都继承了西部方言的读音。然而洗字情况较为特殊，在上古时代，"洗"的意思只是指"洗脚"，扩大为泛指的"洗涤"是后来的事。或许是因为这个意义上的变化起自山东，又或者因为东汉末年到三国时期青徐地区人才辈出，影响扩大，到了中古时期，字典中就把

"冼"字的两种读音都收录了进来（苏典切/先礼切）。中古以后，源自青徐方言的读音更是压倒了本来的中原读音，成为今天汉语各方言中"冼"的源头。

"冼"姓起源于广东。按照宗谱的说法，来自河北真定（今石家庄）的沈汭随赵佗入粤，因为怕被仇家寻上，改姓为冼。但是两汉三国时期，冼姓一直默默无闻。到了东晋时，有冼劲为高凉（今广东茂名）俚人首领，从此冼氏家族开始进入史册。其中最有名的当然是冼夫人了——她生前历经梁、陈、隋三朝，掌管五州岭南大地十万兵民，本人及其子孙统领粤西及海南百余年，支持和维护中国大一统，被誉为"巾帼英雄第一人"。

冼姓来源不明，有人认为这是岭南最早的姓，所以以"先"为姓。早期的冼姓基本都写作"冼"。"冼"的写法是清朝以后才有的习惯，相当晚近。广东地区的汉语是中原汉语南下传入，和青徐方言差距甚远，东晋时期更是受到东部青徐方言的影响较轻，因此无论"冼/冼"姓到底是怎么来的，当时的先民肯定是用来表示带 -n 的读音。但是随后一千多年间中国各地的方言相互影响，今天粤语"冼"的通常读音也演变为了 sai，是古青徐方言的后代。大概就是因为冼的读音发生了变化，但是代代相传的姓氏冼却维持了中原旧音，在粤语中演变为 sin。因此广东才出现了把"冼"改成"冼"的现象。因为改用了"冼"字，避免了和"洗"的读音冲撞，反而让普通话也吸纳了"冼"的读音，折合为 xiǎn，变相维持了"冼"字早期的"正音"。

与之相反，今天的覃姓读音倒是来源不明。覃姓有两个读音，分别是 tán 和 qín。与乐姓的两个音实际上是两个姓不同，覃姓虽然有两个音却并不认为是两家人。从覃字的演变规律和古代的韵书来看，这个字正常的读音毫无疑问是 tán。覃氏本来也是由另一个较常见姓氏——谭氏分化而来。

今天的覃姓主要分布在广西，广西的覃姓占了全国覃姓人口的 65%，其中不少是壮族。读为 qín 的覃姓也多来自广西。中古时期覃字并没有能够对应今天作为姓氏的 qín 的读音，这个读音被收入字典的历史也相当晚近，明朝初年的《洪武正韵》覃多出了一个"徐心切"的读音，与"寻"同音，在明朝早期的官话应该读 sim。

这个新读音的出现并没有很合理的解释，有说法认为可能是覃的老读音和啖接近，因此覃姓人士认为有必要改读。这个说法显然说服力有限。也有人认为新读音可能是被蕈的读音带偏了。无论如何，"徐心切"的读音如果折换到中古时期，则当时这个音的声母为 /z/（英语的 z），/z/ 声母在后来的演变中，包括普通话在内的北方方言一般是变成 s。而在粤语里，如果声调是平声，则变成 c。今天"覃"姓在两广的粤语方言读 cam。普通话的 qín 实际上并不是明朝官话里新出现的覃姓读音的后代（规律演变应该是 xín），可能因为覃姓和广西绑定太深，是直接从粤语读音变化而来的。

南方方言的读音影响了普通话里姓氏的读法，同样，有的北方方言读音也被吸纳进了普通话。"客"并不是一个常见的姓，历史上最有名的人物大概是明朝的一个乳母客氏，她和明朝著名的阉宦魏忠贤狼狈为奸，名声极臭。客氏是河北人，她的姓氏就有读作 qiě 氏的。

这个读音大概在明朝就已经形成。在魏忠贤与客氏祸乱朝政前很多年，北京城就曾经出现一个神秘的道士，不断地唱着"委鬼满头坐，茄花遍地开"。很多年后人们才明白过来这是个预言。委鬼就是魏忠贤，茄花当然就是客氏了。说明当时"客"的读音就和"茄"比较接近。

把"客"读为 qiě，是河北方言的一个重要特征。客的读音在中古晚期大约是 kaek。河北方言中原本的入声韵尾 -k 发生了弱化，变成了 -i，而由于元音 ae 比较靠前，又拆出了介音 i，所以 kaek 就变成了 kiai，这是一个相当别扭的音，因此 iai 又简化为了 ie，最后 k 受到 i 的影响发生颚化就成了 qie。

这样的变化主要发生在河北北纬37度以北的地区，山东黄河西北岸的地区也参与了这个变化。我们现在所使用的普通话是以北京方言为基础，北京方言从根底上说是一种河北北部方言，然而它并不是一种非常纯粹的北方话。由于作为全国都城和受大运河的影响，北京话在历史上受到了一些南方方言的影响。在古时的南京话中，kaek的读音当中只有-k发生了弱化，仍然保留了入声偏短的特点，后来ae又变弱了一些，就读成了短促的ke，这个ke音传到了北京，北京人用较短的第四声来模拟南方话短促的入声。因此一般情况下，普通话当中看到"客"字都读kè，但是在北京、河北、东北地区的口语中，仍然保留"来qiě"了的口语说法。这个qiě就是河北方言中"客"本来的读音。

类似的例子还有郝，"郝"字的韵母在中古汉语里是ak。在河北方言里，ak的-k在读音弱化过程中变成了-u。后来就演变为普通话中的ao韵母。在全国范围内，ak韵演变为ao韵是一个较为罕见的音变，在中国大部分方言中，ak都先演变为o。有的方言保留了它本来的入声韵尾，譬如粤语，今天粤语的郝读kok，而在另一些方言中，o后来又变化为e。今天普通话因为受到南方的中原和长江流域方言的影响，一些字会出现两读现象，譬如"剥削"。而在北京、河北的口语中，读 ao 的还要更多一些，譬如"学"读 xiáo，"鹤"读 háo，"阁"读 gǎo。恰好"郝"姓本就是在河北和东北比较高频。但是不少山东的郝姓就是读成 he 的，这是 ho 的读音在山东进一步演变的结果。而在一些南方地区，由于"郝"姓不是很常见，这个汉字也没有其他用途，读音往往会被更常用的"赫"所影响。譬如苏州话和上海话都把"郝"直接按照"赫"来念了。

还有惠姓，这个姓有不少人是读成 xì 的。读成 xì 姓的惠氏往往出自陕西，这个读音甚至分化出了一个恚姓。出现了"真正的惠姓是读 huì，读成 xì 的其实是恚姓"的说法。这个说法实际上是站不住脚的，"恚"完完全全就是"惠"的异体字而已，也就是说所谓的恚姓和惠姓本就是一回事。根本没有分别，两姓源头也是一样的，分化出"恚"只是这个姓氏读音特殊使然。

中古时期汉语的语音体系远远比今天的任何一种方言都要复杂，在中古发展到近现代的过程中，各地方言都出现了相当剧烈的简化，本来中古时期可以分辨的音趋于混同。然而各地简化的方向是不大一致的。

我们这里举一个常用字"血"。普通话的"血"有 xiě 和 xuè 两个读音。前者用在口语中，如"流血"，后者则用在较为书面的场合，如"血流成河"。但是在南方许多地区，"血"的读音里面都带着ü。中古早期汉语"血"的读音大致是hwet。到了中古晚期这个读音就变成了hüet。此时，这里ü的读音在南方和北方发生了不一样的变化，在北方，这个ü的读音摩擦更加重、更加尖锐一些，因此本来嘴唇合拢的动作就消失了，变成了hiet，最终演变成今天普通话的xiě，而在南方这个ü的读音更加钝一些，因此维持了hüet的读音。由于明清时期南方士人在官场和教育场所的影响力，普通话吸收了来自南方的xuè读，用在书面语当中。

在中古晚期，许多这样的字的读音都发生了在北方嘴唇不拢圆、在南方拢圆的变化。有一些字则是在南北两地都维持嘴唇拢圆，还有一些字读的时候嘴唇从来都没有拢圆过。因此南北方的读音就发生了一定的分化。举个简单的例子，记、季、贵三个字，在中古汉语中都不同音，但是今天，在北方前两者同音，从大约浙江台州再往南的东南沿海方言中则多是后两者同音。譬如"季"在粤语里读 gwɑi，和贵读 gwɑi 完全一样，"记"则读 gei；"疫"字在北方读 yì 的多，但是在南方很多人会自然而然地读成 yù。

由于南北方言的互相影响和古代字典的规范，这样的南北分野并不是十分规律，涉及的字在各地情况不一样。"惠"

就是这样一个南北读音不同的字。这个字可能因为在口语中并不常用,在北方大部分地区也并没有按照北方话常见的演变规律而失去嘴唇拢圆的合口动作。但是因为它作为姓氏在口语中是极其常用的,因此在陕西关中一带就按照北方话的规律变成了 xì 音。只是关中地区的声调格局和北京不一样,关中的第四声读一个比较高的平调,听起来接近 xī。天长日久,由于和平常用的"惠"读音不同,就又产生了所谓的恵姓。而且"恵"还整出了一个特殊读音——xì 音。

除了普通话的这些例子,一些姓氏在部分地区也会有自己的特色读法。如四川地区就会把"虎"姓故意读为"猫"姓。历史上四川虎患严重,因此对虎字多有避讳,这才有了读虎为猫的习惯。

在江浙地区,"钱"往往有个类似 di/die 的读音。这个读音很有可能是出自五代十国时期统治江浙大部的吴越国的避讳读音。吴越国王为钱姓,钱在江浙吴语的正常读音应该是 zie/zi 之类的音。不过因为国王姓钱,因此就需要避讳这个本来的读音。非常凑巧的是,尽管吴越国一直号称"一剑霜寒十四州",但是历史上基本未能控制最西北的常、润二州,即今天的镇江、常州和无锡西部。这片区域也是主要说吴语的区域,和更东南的吴语方言在各方面相当一致。但是常州和无锡的吴语就几乎没有把"钱"读成 di/die 的习惯。说明在吴语中，钱的特殊读法有很大可能就是来自吴越国的避讳。这个避讳影响最深的可能还是温州地区。温州地区至今不光把铜钱的钱读成 di/die，钱姓也读做 di/die。大概是由于钱、王家族统治时期，除了自身以外，其他的同姓家族统统都得改读音。

同样，一些姓氏的特殊读法虽然在普通话里没有保留，但是在一些方言中还是能看出区别。如"费"用作一般的动词在苏南浙江的吴语中读 fi，但是用作姓氏则读 vi。费氏来源于费地，这个地名在江浙吴语中也一般读为 vi。费地本是山东的地名。山东有好几个费地，读音也相当复杂。譬如今天的费县就有一个保留古音的读法 bì 县，但是作为姓氏的费字的读音确实来自古代的浊音，因此在江浙地区的方言中就念成了 vi，和在其他场合的"费"不同。

不同来源，不同读音

姓氏读音的变化有时候也会涉及同一个字的姓氏的不同来源问题，譬如之前提到的，乐的两个常用读音 yuè 和 lè 都可以作为姓氏。有些姓氏的读音则涉及一些多数人不大熟悉的罕见音，譬如那姓。从起源上讲，那本来是一个地名，"那"的左半部分本来是"冉"，作为声旁使用，加上邑旁则是地名用字的常见现象。然而今天的"那"字和这个地名并无关系，其实是"若"的音变。"若"是一个汉语里早就使用的疑问代词。唐朝诗文中就经常出现"若个"，与今天的"哪个"意思基本一致。今天普通话的 r 声母在古代多来自鼻音，"若"也不例外，这也是以若为声旁的诺字以 n 开头的原因。由于"若"字在口语中经常出现，当其他同类字声母变成 r 时，口语中的"若"维持了 n 声母的旧读。由于"若"发生了不规则演变，后来就借用了"那"来表示。中古时期"若"的读音有 -k 尾，但是口语高频使用可能导致了 -k 尾的弱化，没有韵尾的"那"正合适用来表示这个口语读音。

和"若"一样，早期"那"一般也表示疑问，如"问渠那得清如许"，用法和现在的"哪"是比较接近的。这个用法甚至可以一直追溯到先秦文献《左传》里的"弃甲则那（丢盔弃甲又怎么了？）"。后来因为这个疑问代词在一些北方话中又发展成为远指代词。这个变化的发生相对较晚，波及范围比起疑问代词也较小。如属于北方话的陕西话，远指就用"外"。但是从北京到江淮的广大地区都发生了这个变化，导致远指的"那"进入了书面语，本来用作疑问的"那"又添上口字旁变成了"哪","那"这个字形则专门用来表示远指代词了。

从中古到现代,和"那"同音的"挪""娜"的语音变成了 nuó、nà,但是作为代词的"那"读音却很多。常用词往往可以保留一些更古老的读音,如"爸""妈"其实就是"父""母"的古音,就如以前的"若"那样,"那"作为远指代词出现的频率远远高于其本义,天长日久之后,我们心目中"那"的主要读音就是 nà 了。

作为姓氏的那氏来源于"那"的本义,即那地。这个那地则和成百上千个其他地名演变成的氏一样,是按照正常规律演变的。因此,那姓的读音就是 nuó。然而清朝之后,大量本是那拉氏的满族改姓为那,那拉氏是音译,指的是发源于那拉河流域的一些满族部落的后裔。那拉本是满语 Nara 的音译,这里的"那"显然采用的是更常见的读音。改成单姓那姓后,也仍然读为 nà。当下的新潮小说里很喜欢起的纳兰姓,其实也是 Nara 一个带 -n 的读音的变体。汉族那姓本是小姓,人口上不如满族起源的那姓,因此本来的 nuó 音反倒流传不广。今天人们见到那姓往往就自动读成 nà 了。可以认为汉族的那姓和满族的那姓其实是两个姓氏,只是凑巧用了一个字来书写而已。

还有一个有两个读音的姓氏是翟。这个姓氏和古代的狄人部落有关系。上古时期在中国北方曾经有不少狄人部落。诸狄以今天的山西为中心，和他们打交道最多的就是晋国。晋国在山西西南部起家，随后向东部和北方的狄人活动区域扩张。如太原一带之前就曾经有狄人部落的活动，晋国在大卤之役中击败狄人从此占据了太原盆地。所谓"大卤"就是狄人对太原的称呼，《穀梁传》就有"中国曰大原，夷狄曰大卤"的说法。晋国的步步紧逼让狄人各部在相当广的地域到处流亡，开始进入太行山以东地区。

根据上古时期文献记载，当时的狄人大概分为赤狄、白狄和长狄，其中一些部落强盛时战力不可小觑。位于太行山东的邢国和卫国都深受其害。如赤狄一度发展得非常强大，甚至攻灭过卫国。卫国后来虽然得以复国，但就此失去了包括国都朝歌在内的黄河以北土地。邢国也遭遇了差不多的命运。随着狄人的迁徙，甚至连鲁国也被狄人攻打过。攻打鲁国的是长狄鄋瞒部落，当时这个部落的首领是五兄弟，其中有一个就是长狄侨如。鲁国叔孙得臣在咸地击败了长狄，擒杀了长狄侨如。为了纪念这场胜利，他将自己的儿子命名为叔孙侨如。

当然，晋国和诸狄部落的关系相当复杂，晋国在发展过程中经常与戎狄通婚。虽然今人看起来戎和狄都是蛮族，但春秋时期戎和狄的来源却未必相同。春秋五霸之一的晋文公，其母亲是来自狐氏的戎人。戎可能是历史上华夏先民当中的一群特殊人群，他们没有转向定居的农业生活，甚至后来从定居的农业生活和政权管辖下脱离。狐氏就是个例子，他们也是姬姓，虽然是戎人，但属于晋国公室早期分离的远亲旁支，按说是晋国公室和周王室的亲戚，被封到戎地，实际也有可能是因为种种原因沦落到狐氏大戎之地（今天山西交城县西北山区）后逐渐戎化，狐氏和晋公室同为姬姓却通婚，可见当时同姓不婚也未必执行得特别严格。狄人的关系则更加疏远一些，然而这也并没有阻止晋人和狄人通婚。晋文公自己在逃亡时曾经于狄国避难，娶了赤狄咎如部落女子季隗。晋文公的手下、后来赵国的先祖赵衰则娶了叔隗。作为赤狄一支的潞国也迎娶过晋景公的妹妹。

这几个部落到底是一群怎样的人、说什么语言，甚至是不是一个族群，都很成问题。从隗姓来看，这些狄人可能和商朝时期北方的鬼方有关系，鬼方曾经是商朝的大敌，妇好就曾经率领三千士兵讨伐鬼方。隗不过是鬼加上形旁邑，属于上古时期表示地名的常规操作。

到了选择氏的时候，不同的狄人部落也有不同的氏。如潞国早就华夏化，因此就直接以路为氏，就是现代的路姓的起源。但是很多狄人则直接以族群名为氏，即直接叫成狄氏。

上古时期文字的规范性不如现在强,春秋战国更是文字使用相当自由的一个时代。狄这个名字其实在汉语中找不到来源,有可能是出自这个族群自称的音译,有认为这个狄字是音译了 Türk,即后世的"突厥"。由于是音译,字的选择就可以更加多样了。除了"狄"字,另一个同音字"翟"也可以用来表示狄人。翟本来的意思是某种雉鸡的羽毛。由于二者通用程度很高,时间一久,文字上就经常出现狄、翟在各种场合混用的情况。

《礼记》则认为称作"狄"是因为这些人是用鸟羽做衣服覆盖身体。这样的说法略微有些牵强,假设确实为真,则"翟"才是本字,后来为了区分含义,才又造了一个"狄"字。

今天"翟"在一般情况下的读音和"狄"相差很大。但是"翟"却还有一个和"狄"相同的音,专用于姓氏。从上古音的角度来看,这两个读音差别其实不算大,今天的"狄"音来自 dek,"翟"音则来自 drek。两者的区别仅在于有无介音 -r-。上古时期有些字会出现介音有无的两种读音。由于几个狄人小国都位于山西,翟姓和狄姓都发源于山西也就不足为奇了。

但是那姓和翟姓的读音还都没有一个高古小姓——郗的读音问题复杂。古代的郗邑位于今天的河南沁阳,这里是郗姓的发源地。郗姓虽然现代不算常见，但是在中古时代早期，郗氏曾经是高门贵姓，号称江左名门。这个郗氏家族发源于今天山东济宁一带，即高平郗氏，东晋重臣郗鉴即属于该家族。高平郗氏起家于汉末三国时期，郗虑为东汉大儒郑玄的弟子，后来担任御史大夫。虽然名声算不上好，但是为后来的郗氏家族发迹打下了很好的基础。到了玄孙辈的郗鉴，声望日隆，在"八王之乱"后的混乱局面中组织起乡民自保。并在永嘉南渡时南下，以京口（今江苏镇江）为主要据点。

可惜郗氏家族并没有进一步发扬光大。隋唐以后虽然郗氏仍然有名人出现，但是从人口上看，始终算是个小姓。今天郗姓是排位三百位以后的小姓，大部分人生活中也几乎遇见不到姓郗的人士。

郗作为地名其实是读 chī 的。郗以希为声旁，这其实是非常古怪的谐声关系，就算用上古汉语语音也很难解释。当然，对于普通人来说，碰到郗这样极其复杂而又相对罕见的形声字，最方便的做法就是直接按照声旁猜测读音，即读半边字音，就这样，人们自动把"郗"按照"希"来读了，这种误读早在明朝时就有出现，在明朝的韵书《正字通》《字汇》里，"郗"就已经读成了"希"。可见"秀才认字读半边"的问题由来已久。

现代词典《辞源》甚至认为在更古老的宋朝《集韵》中，郗也出现了"香衣切"的读音，将香的声母配上衣的韵母和声调，得出的结果正是"希"音。只是《集韵》明确指出这个音的意思是"骨节间"，并不是姓氏的读音。

然而在这里，《辞源》犯了一个小小的错误。真正的"郗"字意思从来只有地名和姓氏，和骨节间隙完全没有关系。从字源上说，郗邑早期的来源其实是"绤"，一个表示细葛布的字。古代的郗邑很有可能正是因为盛产细葛布得名。春秋时期有些人还是直接以"绤"为氏。不用多想也知道，一个和织布相关的字怎么都和骨节间隙是扯不到一块去的。《集韵》中这个标注"骨节间"的字实际上是写成"郗"的。

字典的失误揭示了一个让"郗"的读音杂乱的雪上加霜的情况，即郗氏的读音问题受到了形近字的干扰，除了"郗"，它还遭遇了另一个小姓"郤"的截胡。

这个姓虽然小但是由来已久。郤氏是一个来自春秋晋国的氏。当时的晋国有一个叫郤的地名。这个郤地位于沁水下游，得名可能是由于位于晋国和周王室直辖地的边境。郤从语源上来说其实就是隙的一种写法。春秋时期晋国公室的分支被册封到了郤地。郤氏家族曾是晋国举足轻重的世卿家族，家族成员曾担任晋国中军将，也曾经和栾氏一起陷害赵氏，酿成"下宫之难",这一历史事件后来被演绎为家喻户晓的"赵氏孤儿"的故事。在参与陷害赵氏后不久,郤氏自己也被陷害,几乎遭遇了灭族的惨剧。与赵氏后来的复兴不同,郤氏没有那么好的运气,就此从晋国政治舞台的核心退出,变成了一个普通的小氏。

"郤"早早就有一个异体写法——郄。从古代的篆书字体来看,郤左边的谷的写法是上面两个叠着的"人"形,下面一个"口"。如果"人"形写的时候不够当心,把"人"写成了"×",下面的"口"潦草一些没有封死,那么就成了"郄"字。只是隶书定后,这两个字的写法看起来差别才大了些。当今这两个字都能用作姓,郄姓人口多一些,大约两万。本应该是正写的郤姓人口不过千人左右,是排行一千名以后的小姓,和春秋时代同期发展并且死斗过的大姓赵氏比较,赵氏算是顺利笑到了最后。

把事情搅得更加浑的还有一个字形相近的字"卻"。如果读者读到这里已经完全看不出"卻"字又有什么不一样,可以注意观察这个字右侧的形旁。这个一般被称作单耳刀的"卩"旁来源是古代的仪仗用具"节(節)",和双耳刀"阝"来源于"邑"相当不同,和"郤"也是单耳双耳的区别。然而在后来的文字演变过程中,这两个偏旁字形变得极其接近,稍有不慎就会混淆。"却"本来是"却"的一个异体字，实际上"却"的真正正体是"卻"。可见"卻"和"郤"都遭遇了字形讹误产生的变故，甚至两者的讹误都差不多。

"郤"的本义就是"隙"，按理来说不管"郤"姓还是"郄"姓，读"隙"是正确的读音。不巧的是，"隙"的普通话读音恰恰是不大规则的。

中古时代"隙"的读音为"绮戟切"，声母和"绮"是一样的，大致为 kiek。如果完全按照规律演变，今天普通话的"隙"的读音应该为 qì 而非 xì。粤语"隙"的读音 kwik，则保留了这个字本来声母的读音。其他一些南方方言，甚至合肥和南京的官话声母也是多为 q，算是读音上的规则演变。今天的郄/郤姓主要分布在河北行唐涿鹿、山西阳泉长治、江苏宜兴、江西抚州黎川等地。这些地区虽然横跨南北，方言很是不同，但是多有一个共同点，即方言中保留短促的入声。这些方言如"急""隙""吉"这样的入声字，由于发音短促，突然截断，往往会导致韵母产生后滑音，即舌头向口腔中立位置滑动的过渡音。i 发音时，舌位又前又高，往后下方向滑动，就会产生类似 e 的音。因此这些方言里的"隙"的韵母，在说惯普通话的人听来会感觉比较像 ie。而在这些郄姓人生活的区域中，"隙"的声母发生演变，导致"隙"字读音发生变化，但是"郤"作为姓氏时的读音照旧,代代相传,于是"郤"姓就冒出了 qiè 的读音。

此外,由于"郤"的本义"缝隙"早就有字形上并无太大关系的"隙"字表示,相对几乎只用在姓上的"郤","却"出现的频率要高一些,不少对文字稍有了解的人仍然知道"卻"就是"却"。他们见到"郤"字,也就直接认成了"卻",并且读音受到"却"的影响,又进一步加强了 qiè 的读法。因此今天普通话对郤/郗姓的读音标准相当古怪。今天姓郤的人一般读 qiè,当代郤姓按照"隙"的本音读 xì 的极为罕见;作为古人姓氏出现时,郤/郗统一读 xì。上古以后,郤氏一直是个小姓,基本没有人会攀附到郤氏,可以说当今的郤氏有很大概率确实是春秋晋国郤/郗氏的后代,但是他们的姓却在普通话里产生了不同读法。

读到这里,读者可能已经可以猜到"郤"字"骨节间"意思的来历了。其实这是因为郤、郗以及郄三个字在字形上相当类似,如果字写得潦草一些,再碰上马大哈,就很容易误把"郤"写成或者认成了"郗"。但是后来人们并没弄明白这个用法的由来,就干脆把郗字按照声旁来读了。和郤姓极度相似的郗读成"希"音,无疑是给后世郤姓按照希来读又助推了一把。

还有更糟糕的情况,早在古代的《晋书》的某些版本中,就出现了把郗鉴误写成郄鉴的情况,这种混淆大抵可以追溯到郗鉴本人生活的东晋时代。宋朝人就说过,王羲之的帖子里面有把郗写成郄的情况,甚至战国时期的竹简文字的《诗经》中出现过把通行版本的"绤"写作"却"的情况。绤本身是粗葛布的意思,而绨表示细葛布,二者字义相对。《诗经·周南·葛覃》里就把二者对举,"为缔为绤,服之无斁",绤的语源很有可能也是"隙",粗布的缝隙更加明显,因此以"隙"为名,读音上也是和"隙"完全一样。这样一个字也可能误写成"却",后者还和郄/郗字形上极为相似。总之,由于遭遇了多个读音、含义、字形接近的文字的干扰,郗姓和郄姓的读音都变得不大规律,而且两姓在历史上本就混淆甚多。古代郗鉴属于高平郗氏,即这个家族的根据地在今山东金乡。西晋时期还有一个当过雍州刺史的名流郤诜,郤诜在不同的文献也写作郄诜甚至郗诜。郤诜为单父县人,也就是今天的山东单县,是金乡县的邻县。这片区域在晋朝以前都称作山阳,所以一直有郤氏望族出于济阴(今山东定陶也在同一地区)和山阳的说法。尽管理论上这两个姓来源不同,但是要说两个小姓都恰巧搬去了山东的同一块区域,又分别成为当地的名门望族,似乎也是小概率事件。可能的情况是,山阳济阴一带的郗氏和郄氏本来就是一家人,但是由于严重的文字紊乱导致后来其中有的人姓郗,有的人姓郄。至于他们本源到底出自郗氏还是郄氏,恐怕只能进行大规模的基因测试才能得出结论了。

非常有意思的是,尽管郗在当下不算是个大姓,但是其地域分布却因为一个西南边境土司家族的存在,而显得分布相当广。云南干崖傣族土司家族以郗为姓,这个土司家族在明清时期世代统治云南盈江地区。民国初年的干崖土司刀安仁积极投身革命,曾经被孙中山誉为边陲伟男。刀本是来自于傣语对贵族的尊称,傣族土司有许多都叫刀某某。但是干崖土司却还世代流传一个汉姓郗。根据干崖土司的家谱,他们的祖先本是明朝初年参与麓川之役的来自南京的军官郗忠国。战后郗忠国在盈江定居,和当地傣族通婚,成为干崖土司的先祖。

东北也有一个姓氏的读音比较出乎常规,那就是朴。朴姓是朝鲜族的大姓。今天在朝鲜半岛,朴姓是继金姓和李姓之后的第三大姓。由于金和李都是中国的大姓,但是朴姓在中国相对罕见,因此对中国人来说,朴就如越南的阮一样,堪称是最有朝鲜特色的姓氏。

今天普通话里,朴姓读piáo。然而中古时期的任何一本韵书都没有收录今天可以演变成 piáo 的读音。朴中古时期最主要的读音是"匹角切"，意思是木皮（注意朴素的朴的繁体字是樸，和朴本来就不是一个字）。这个读音发展到今天的普通话应该是读 pò。有一种著名的中药叫做厚朴，其中的朴就是念的这个音。"匹角切"的读音是入声，在中古汉语中以 -k 收尾，今天粤语仍然读 pok。piáo 则完全不像是一个入声来源的读音。在宋朝的一本收录异读音极多的韵书《集韵》里，朴有另外一个读音：披尤切，注释为："音飙。夷姓。《魏志》建安二十年，巴夷王朴胡举巴夷来附。"这个说法看起来似乎有一定可能是 piáo 音的来源。然而这个巴夷姓氏在中国流传面甚窄。加之朝鲜半岛位于中国东北方向，和西南巴夷正好南辕北辙，因此表面看来，piáo 音来自朴胡概率不高。

我们可以把目光继续投向朴姓的发源地朝鲜半岛。朝鲜半岛的姓氏基本都有对应的汉字，甚至可说绝大多数也都是汉族姓氏。然而追根溯源，朝鲜半岛的这些姓氏大部分并非中国移民带来，而是本地人采纳了汉姓。这其中最重要的，是新罗第三代君主儒理在位的时代曾赐予辰韩六部的六个汉姓。儒理的六部赐姓为李、崔、孙、郑、裴、薛。这些姓都是唐朝时赫赫有名的士族家庭的姓，明显是照搬了中国士族姓氏赐姓给新罗大族。由于后来新罗统一了朝鲜半岛，此次赐姓影响深远，除了薛姓运气比较差，其他五姓都是今天朝鲜半岛的大姓，其中李、崔、郑更是排行前五。

和六姓不同，金姓和朴姓并非来自中古时期中国望族姓氏。对于朴姓的来源，朝鲜《三国史记》里这样解释："辰人谓瓠为朴，以初大卵如瓠，故以朴为姓。"这里的辰指的是辰韩，即朝鲜半岛三韩时期位于半岛东南部的小国，是后来新罗的前身。新罗首任国主为朴赫居世。后来一任国主在金盒子里捡到一个婴儿收养，后来这个养子就以金为氏，即继任国主的金阏智。这个故事自然荒诞不经。新罗时代也有国王把自己的祖先追溯到金日磾。早期国主由朴、金、昔三姓轮流担任，直到后来被金氏世袭把持，朴氏则长期继续以外戚身份参与新罗政治。新罗时代姓氏的概念和中国并不大一样，金、朴两姓之间经常互相转换，如一些朴姓王妃其实本属金氏，乃是被赐朴姓的，这个习惯或许和中国同姓不婚习俗的传入有关。金、朴两族关系密切，纠缠不清。后来朴氏在新罗末年又取代金氏，实现王统过渡。同为新罗王姓的历史奠定了这两姓在今天成为朝鲜半岛大姓的基础。

但是朴姓的朝鲜语读音不大可能是 piáo 的源头。这个姓在朝鲜语读박（Pak），倒是很符合中古时期的入声读音，算是汉字音在朝鲜语中的规律演变。

汉族其实也有朴姓。传统看法认为，汉族的朴氏来源于巴夷朴氏。这个姓一般分布在中原和南方。大体上，汉族朴姓的读音以 po 和 pao 为主。后者是"匹角切"在河北方言的演变。中古时代和"朴"同韵的剥和雹，包括北京在内的河北方言，韵母都是演变为 ao 的。总之汉族朴姓读音较为规则，而且似乎也并没有按照《集韵》里的"披尤切"来念。

甚至早期朝鲜人自己在说汉语时也不会把朝鲜朴姓说成 piáo。朝鲜历史上曾经有一本非常著名的汉语教材《朴通事谚解》。这个朴通事是专门的汉语翻译，大约生活在元末明初，他编写了一本汉语教材，除此之外生平经历不详。后来崔世珍等人又用朝鲜谚文给这本教材注音，因此就成了所谓的《朴通事谚解》。

书中每个汉字下方都用朝鲜谚文注音，在左边和右边各注一音。按照该书的体例习惯。左音代表时代稍早的《四声通考》流传的语音，右音则代表当时华北地区说话时采用的口语音。朴字的右音注为 po，左音注为 paw。元朝时定都大都，河北方言盛行，因此这些字的韵母普遍读 ao。明朝由于南方士人北上的影响，北京口语也吸收了一些来自南方的读音，有些字甚至取代了本来读音。譬如"鹤"在河北地区本来读"毫"，但是这个读音后来已经式微。从《朴通事谚解》

来看，此时的"朴"大概不是北京、河北本地常见的姓氏，以至于读音被中原和南方的读音影响了。此时朝鲜族的朴姓也没有被特殊对待，而是将其当作普通的姓氏，因此朝鲜人学汉语时出现"朴"的读音并没有什么稀奇。

《朴通事谚解》是朝鲜人长期使用的汉语教材。和任何一本长期使用的教材一样，这本书也会随着时代的推进产生众多版本。早期版本的朴是左音 paw 右音 po，后来又出现了左音 paw 右音 pɑo 的版本。这个读音变化不足为奇，无非是选择了河北而非中原或南方来源的读音，至于 aw/ɑo 大约只是写法习惯不同而已。哪怕是现在的北京话有些字如"剥"也有这样来自不同方言的两种读法。然而在更后版本的《朴通事谚解》中，朴字的左音依然维持不变，右音则终于出现了 piao 的读音。

考虑到朝鲜语朴姓的读音和 piao 完全无关，这样的读音变化只能是中国人自己搞出来的。但是中国人又为什么会给朝鲜姓氏赋予一个之前没有的读音呢？

一种可能是，某些熟悉朝鲜文化的中国人知道朝鲜语的"朴"本义是葫芦。葫芦因为形状的关系，在北方经常被称为"瓢"。"瓢"的读音又和"朴"在华北北部方言本音 pɑo 比较接近，因此中国人就直接借用了"瓢"字来表示朝鲜的"朴"

姓。也就是说，看着是"朴"姓，实际上是按照"瓢"姓来处理。

也有说清朝朴姓读音的改变可能和满族人有关。尽管不如朝鲜族朴姓人多势众，但是满族也是有朴姓的。满族的朴姓一部分是本土来源，另一部分是来自朝鲜朴姓，也有一部分可能来自汉族朴姓，有时已经很难追根溯源。顺治乳母和康熙保姆奉圣夫人朴氏，也作布母布哩氏，就是一个满族朴氏案例。若说她属本土朴氏，布母布哩氏连《八旗满洲氏族通谱》都未收载，整个清朝似乎也只有奉圣夫人属布母布哩氏，要说朴氏是朝鲜族或者汉族后裔同样缺乏明确证据。另一些朴姓则明显是来自朝鲜半岛的朴姓。如河北辽宁都有一些叫诸如朴杖子、朴家院的村落，这些村庄大多数居民祖上是入旗的朝鲜人，在当地也都读 piao。

除了来源不明的布母布哩氏，满族的朴姓还有来自萨穆占地方的满族部落朴佳氏/瓢佳氏。从既可以是朴佳氏又可以是瓢佳氏来看，这支满族朴姓和朝鲜族朴姓一样，在汉语中也是读 piao 的。

满族姓氏中的"某佳"氏其实有两个来源。其中一部分来自汉姓再加上汉语"家"字。满族历史上吸收了渤海、朝鲜以及辽东汉族等使用汉姓的族群，这些人在入旗后往往直接在自己本来的姓氏后面加个"佳（满语giya）"变成满姓。这类姓氏在早期并不常见，于明末清初大量出现。如乾隆的妃子令妃魏佳氏，其实本来就是姓魏的。同样，金佳氏也有部分是汉人或者朝鲜人的金姓入旗后改的姓氏。

另一种情况则是和汉姓没有很明显的关联。譬如著名的瓜尔佳氏（Gūwalgiya），就并无对应的汉姓。这类姓氏由来已久，金朝国姓完颜也是其中之一。这一姓氏在后来的满语中演变为Wanggiya，但是其中的giya到底是怎么来的，代表什么意思，则缺乏明确的说法。giya一般作为地名后缀使用，其实也可能本就是来自汉语常见的地名"家"。这情况有一定可能也是由汉姓变化而来。如完颜氏自称祖先来自高丽，完颜可能是"王家"读音的音变，甚至有可能是中古时代的名门琅琊王氏的后裔。

萨穆占在今辽宁新宾，位于辽东地区，距离朝鲜半岛不远，历史上有可能吸纳过朝鲜半岛来的移民。因为位于辽东地区，也有可能是汉族朴姓来源。以地理和历史论，东北的汉族朴氏也有可能本是朝鲜半岛移民的后裔。从满语自身的特点来说，和女真语相比，满语把历史上的p都读成了f。因此满语本土词汇中甚少有带p的。种种迹象显示，所谓朴佳氏或飘佳氏是入旗之后，因为当时汉语已经把朴姓读成piao，这才变成了飘佳氏。也就是说，朴佳氏/飘佳氏和后来明确记载来自高丽或汉族融入满族的朴氏其实同源，只是可能入旗的时间更早，本土化程度更深一些。此外，唐朝时东北的渤海国和后来的女真族有密切关系，早在渤海国时期，就有朝鲜半岛朴姓北上，渤海国就曾经有朴氏，渤海国灭亡时曾经有检校开国男朴渔率众南奔高丽，对于朴渔来说，他最终回到祖籍，但是可以想象，也会有融入东北的渤海国时期半岛朴氏移民。

尽管东北的朴氏和朝鲜朴氏有千丝万缕的联系，但是朝鲜语和满语都很难说是 piao 音的来源。除了是意译朝鲜语的박，朴胡姓氏的特殊读音可能确实对 piao 音的形成起了一定作用。

根据韵书朴胡之姓读音为"披尤切"，如果按正常规律变化，今天的读音应该是 fōu。但是普通话似乎对 b、p、m、f 配 ou 的组合有些排斥。不少本应该这样组合的字都读成了 ao 韵或者 u 韵。譬如"贸""茂"普通话按理应该读 mòu，"牡"则应该读 mǒu，"浮""罘"普通话按规律应该读 fóu，甚至口语里很多人也把"剖"念成 pāo。今天一些方言还是按照规则读法来读的。譬如吴语常州话对应普通话 ou 的韵母为 ei，这几个字韵母就是 ei，粤语对应普通话 ou 的韵母为 au，这几个字韵母也就是 au。

和朴情况最为相似的是彪字。中古韵书中,"彪"的读音注为"必幽切",除了声母稍有区别,和"朴"极为雷同,今天普通话的"彪"就读成 biāo。这样的现象也出现在另一个姓氏"缪"上。"缪"的正常读音为 miù,可是在姓氏中却读为 miào。从古代韵书来看,前者是字义发生演变后的读音,后者则是近古时期出现的只用在姓氏中的读音。由于姓氏在口语中高频使用,一般容易保留一些口语变音。

总的来说,存在这样一种可能,尽管朴胡姓和朝鲜朴氏并无关系,但是当东北地区的中国人接触到朴姓后,由于朝鲜朴氏远远比中国本土并不按照"披尤切"读的朴氏常见,因此,按照了韵书中记录的异读来读朝鲜朴姓,并最终使得朝鲜人学汉语时也跟从了中国的读音。不管到底是发生了这样的误会还是意译了朝鲜的朴姓为"瓢",可以肯定的是,这个读音的来源和朝鲜人并无关系,而是中国人自己的发明。

第九章
优雅的复姓：复姓的来源与演变

复姓的出现与分布

大多数中国人的生活中会有几个姓氏比较奇怪的朋友，和绝大多数中国人的姓氏只是一个汉字不同，有些人的姓氏是由两个字组成的。当我们小时候第一次碰到这种姓氏，往往会误以为他们姓名的第一个字才是姓，后面的都是名。

这种两个字组成的姓称为复姓。相应地，单字姓就是单姓，当下中国人的姓当中，单姓占据绝对主流。复姓人口占比可能不到总人口的1%。然而可能因为复姓带有的轻微陌生感，各类文学、影视、游戏作品中复姓的出镜率可是比现实人口比例要高得多。就算真的在虚拟和现实世界中完全没有碰到过复姓人士，诸葛亮、欧阳修在中国也是家喻户晓的名字。

中国单姓为主的格局，并非纯粹出自偶然，而是和汉语的语言特性有很大关系。汉语的语素，即有意义的语言单位较为简短。大多数情况下，一个语素就是一个单音节，这点和许多其他语言很不相同。譬如"水""七"这样在汉语中是单音节的语素，在英语中就是双音节的 water 和 seven。而 wa 或者 ter，se 或者 ven 这样拆开的单音节在英语中是没有意义的。

这样的语言特性在古代汉语中更加明显。汉语书写习惯，往往一个音节以一个字来表示，所以单音节语素就自然被转化为了一个个的汉字。早期的"姓"是由部落标识发展而来，这些标识从起源上看就是某个汉语词，也即一个单音节的汉字，因此所谓的上古的"姓"基本都是一个字。到了"氏"出现的年代，氏最主要的来源是地名，上古时期的地名尤其是大地名，也多是单音节地名，因此奠定了中国姓氏以单姓为主的格局。

由于这样的语言特点，现今存在的复姓往往是由一些特殊原因造成的。中国最大的复姓是欧阳，这个复姓在 2020 年拥有 111.2 万人口，尽管在全国姓氏排名中排不上号，但是已经遥遥领先于其他复姓了。和中国大部分姓氏的来源相同，欧阳也是一个来自地名的氏，末代越王无疆的儿子蹄被封到乌程欧余山（在浙江湖州）南方世居，山南水北为阳，因此这个地方的地名就是欧阳，成了蹄的后代的氏。今天的欧阳姓人口仍然高度集中分布在中国南方地区，尤其以湖南、江西、广东三省最为集中，和这个氏的南方起源仍然颇能对应。今天欧阳氏仍然能够看出一些占据优势的Y染色体单倍型，但是欧阳氏的染色体单倍型中占优的O-F793并不是疑似越国王室的O-F656的下游类型，O-F793在湖南、江西、广东分布较为高频，在浙江反而不成气候，因此现今的欧阳氏很有可能并非蹄的直系后裔。

无论如何，我们从欧阳氏的出现可以看出，上古时代的中国人并不排斥两个字组成的氏。如果地名确实有两个字，那就有产生复姓的可能。除了欧阳，另一个发源于山西的复姓——令狐，就来自古代山西一个叫令狐的地方，相对于分布广泛的欧阳姓，令狐姓则仍然以其姓氏发源地——山西西南部为重要的基本盘。令狐氏出自魏国的公族，魏国公族又是周王室的分支，北方令狐姓的Y染色体单倍型类型许多尚能符合这个记载。但是令狐在祖地之外，还在西南的贵州桐梓有所分布。事实上贵州桐梓的令狐姓人口要远远多于令狐氏的祖地，大约占到全国令狐姓人口的四分之三，桐梓令狐氏的始祖是明朝初年从北方南迁镇守的将军，贵州令狐氏的Y染色体单倍型类型多为C-F1067下游的C-MF241040及其下游，这个类型和周朝王室所属类型已经分离几万年，但是C-F1067

是中国颇为常见的一个Y染色体单倍型大类，可见今天贵州的令狐氏姓氏传承过程中也出现过一些意外事件。

由此可见，复姓和单姓一样，也都会碰到各种各样的情况，只是两个字的地名多是较晚出现的小地名，用小地名为氏的人口基础自然是比不过大地名的，在后期的发展中也较容易由于数学规律以及各种偶发因素导致绝嗣。历史上可能出现过很多类似欧阳、令狐这样的复姓，存续至今的也有濮阳姓和羊舌姓。从战国到汉朝的玺印来看，当时也存在过很多现今早已绝嗣的复姓，但是今天除了欧阳稍具规模，其他都属于全国人口低于10万的小姓。这种地名类的复姓除了欧阳、令狐这样来自某个确定地方的复姓，也尚有东方、西门、东门、南宫之类的复姓。这些复姓由于地名可能存在于许多地方，并不一定是唯一指代，来源会更加复杂。

复姓除了地名来源，不少也来自职业。由于官职名称为了区分职位层级，很多时候都需要用两个字表示。相对常见的复姓司徒、太史、司马都是这个来路。与之密切相关的则是彰显祖上身份的姓，如公孙等。这类姓氏历史上还有许多，但是现今已经非常罕见，或者干脆灭绝了，如先秦到汉有漆雕氏，是吴国公族一支平民化的、以制作漆器为业的分支。漆雕姓今天极少见，而负责管矿的卝人氏出现在了战国时期的玺印中，今天没有谁还姓这个姓。能够留存至今并且拥有广泛知名度的职业身份类复姓，一般来说是春秋战国时期诸侯国都设置的官职，而且官位相对较高，更能繁衍后代，如司徒、司寇、司马，在周朝都是属于六卿的高官，各诸侯国也普遍设置这些职位，因此这些姓氏在战国各地的玺印中多有出现。

复姓的拆分与合并

关于复姓还有一种情况，是从单姓发展而来。姓氏的起源是为了增加人群的区分度，然而随着世代传承，数学规律的运转必然会使得姓氏发生集中化现象，以至于人们需要对一些当地大姓的不同分支赋予新的称呼，相当于把两个氏拼到了一起，著名的诸葛姓就是这样来的。

诸葛氏本来就是葛氏。诸葛氏的始祖是一支生活在诸（山东诸城）的葛氏。这支葛氏后来移居到了阳都。阳都本来也有本地的葛氏，为了区分新来的葛氏和本地葛氏，就按照当时通行做法，用移民来源地称氏，把来自诸的葛氏称作诸葛氏。申屠氏则是反过来，本来的申氏被封到屠地，拼合成申屠氏。

这类复姓在产生之初，社群对其来源还知道得比较清楚，因此很多时候会有一定的单复交替现象。譬如诸葛亮本人在他生活的时代有时候会被称为葛氏或者葛侯。后来的固化则导致诸葛和葛被完全拆开，成为了两个姓。到了今天，几乎没有人会把一位诸葛先生省称为葛先生了。

尽管历史上产生过许多复姓，但由于中国姓氏以单姓为主，整个社会也习惯了这套单姓模式，又因为中古以来中国主流社会的复姓基本停止产生，新的复姓多由其他族群改姓而来，当融入程度加深时，往往也会由复改单。因此历史上许多复姓都有简化为单姓的趋势。明朝初年更有过禁胡姓的政策，虽然许多复姓是地地道道的华夏本土起源，但是由于误会或者主动避祸，也就跟着改成了单姓，这也导致了今天各个复姓虽然存在感很高，人口却相当稀少。如司马姓，随着历史发展，大部分人改成了司姓与马姓，其中以改马姓为主。这是由于司马姓曾经是晋朝国姓，但是晋朝衰亡之后天下大乱，很多司马姓人士为了避免受到波及报复，就放弃了这个姓氏。今天司姓和马姓人士不少的Y染色体单倍型类型都为O-CTS9595的下游类型，可见二者确实部分同源。由于不同地区政策施行力度和家族的选择不同，因此改复为单的程度也会不同，如古代著名的复姓——司徒，今天基本只在广东仍然以复姓原貌存在，尤其集中在开平一带。就算是第一大复姓——欧阳，也不能完全逃脱简化的命运，欧阳姓在历史上多次发生过被简化为欧、区、阳、杨等单姓的事件。哪怕在欧阳姓所属的第一大省湖南，阳姓的排名也高于欧阳，湖南的阳姓大部分都曾经姓欧阳，可见尽管在小说中广受欢迎，可在现实世界里，复姓却并不很讨喜。

单姓复化和复姓单化看似是矛盾的两股力量，很多家族却可以根据条件不同自由选择。如古代的令狐氏很多早已改成了胡氏，然而中晚唐时期，一支来自河西敦煌的令狐家族在唐朝官场官运亨通，连续担任宰相，因此导致了唐朝晚期不少胡姓人士为了攀附反而改姓令狐。著名诗人温庭筠就曾经作诗讥讽"自从元相登庸后，天下诸胡尽带铃"。可见今天的令狐姓并不见得都是春秋时代晋国令狐出身。但是从今天的胡姓和令狐姓人口对比来看，"天下诸胡尽带铃"显然有些夸张，或许有些改了令狐姓的胡氏家族在敦煌令狐氏败落后又改回了胡姓。

我们以上提到的复姓大多是本土起源的华夏复姓，然而正如之前所说，早从中古世代开始，复姓往往就和外来姓氏联系在一起。当其他族群和汉族融合时，他们又该如何适应中国古老的姓氏传统呢？

第十章
冠以中国风的姓：外来姓氏的融入

吴郡陆与鲜卑陆

唐朝晚期，一个叫李涪的人写了一本名为《刊误》的书。顾名思义，该书的目的就是考察各类典故旧制，来纠正当时的诸多失误。李涪究竟何许人也，竟敢写成这样一本毋庸置疑会得罪人的奇书？他又如何确信自己有资格"刊误"呢？

这位颇为大胆的李涪出身唐朝宗室，父亲名为李福，是太子太傅。咸通末年至乾符初年李涪任金部郎中，又任河南少尹。乾宁二年李涪任宗正卿，后又任太仆卿。从李涪的个人经历来看，他出身较高，又长期任职礼官，对礼制问题确实有颇高的发言权。因此无怪乎他要著《刊误》一书了。

《刊误》中最有意思的一段，是李涪对一本隋朝旧书的批评。这本书在唐朝影响极大，是唐朝读书人，尤其是有志于科举的读书人的必备书籍。这本书属于中古时代的所谓"韵书",即某一类字典,侧重于整理字音。唐朝科举考试重视诗歌,中国古诗讲究押韵,唐朝科举的古诗可不是随便按照自己家乡话押韵就行了,而是要遵循统一的标准。至于标准是什么?那就是这本韵书中规定的发音。

被李涪刊误的韵书名为《切韵》,这本书可说是整个中国古代最有影响力的一本字典。和现代人一样,古人也会遇到不知道某个字怎么读的问题。现代人会查字典看拼音,古人则也得翻查韵书确定一个字的读音。同现在一样,唐朝各地也有方言,但是要在正式场合吟诗作赋,那总得按照《切韵》呈现的语音才好。如果科举时写诗不按照《切韵》的规矩来,那更是有直接被判作不及格的危险。甚至直到今日,如果一个人要认认真真地写近体诗,那么他仍然需要遵循《切韵》和其衍生作品的语音体系,而非现代的普通话。

这样一本几百年来被奉为圭臬的经典作品,竟然成了李涪批判的对象,这又是怎么回事呢?原来李涪发现,《切韵》中的语音似乎和他的口音有相悖之处。他发现《切韵》里把"辩""弁""舅""旧""皓""号"归为不同声调,但是在他看来,这几组字都是完全同音的。

作为唐朝宗室的一员,李涪大概说的是当时的长安话,不过唐朝一向以洛阳音为正音,《刊误》中就提到"凡中华音切莫过东都，盖居天地之中，禀气特正"。于是为了严谨，李涪又用洛阳音读这几组字，仍然是同音。因此李涪得出结论：这是因为《切韵》是"吴音"。他写下了极其尖锐的批评："然吴音乖舛不亦甚乎？"他对于这本书的作者陆法言更是留下了"夫吴民之言如病暗风而噤，每启其口，则语泪喝呐。随声下笔，竟不自悟"这样近乎人身攻击的诋毁之词。

事实上，李涪真的是错怪了《切韵》。中唐以后，在北方通行的汉语里发生了所谓"浊上归去"的音变，简单说来就是，一部分上声字的声调变成了去声。在今天普通话里，"舅"和"旧"的声调一样，都读去声，但是中唐以前的中古汉语里，这两个字的声调是不一样的，"舅"读上声。这个音变在北方发生得比较早，转变完成得也较为彻底。到了李涪的时代，他口中的"舅"一类的字已经完全演变为去声。

此时，南方吴地的方言应该还尚未"浊上变去"。我们之所以肯定这一点，是因为时至今日，在江苏南部、上海、浙江等许多地方的方言里，"舅""旧"的声调仍然有区别。回退到李涪生活的年代更是如此。李涪可能接触过一些从吴地来的吴人，对他们口音的这一特征有较深的印象。因此当李涪看到《切韵》里把"舅"算成上声时，他觉得这个音和自己口中去声的读音完全对不上号，反倒是和吴地方言的读音相合。当时并无"语音会随着时代演变"的概念,因此出现这样的现象,必然是作者弄错了,那么自然就是"吴音乖舛"了。因此,李涪就误把这个《切韵》成书时在北方也尚未发生的音变,当成是"吴音"了。

为什么《切韵》会整出"吴音"呢？这个"吴音"又从何而来？在李涪看来,那是因为受到了作者陆法言原籍方言的影响。李涪书中明确说了,他认为是陆法言不曾详考中原正音,直接就根据自己的口音"随声下笔"。之所以会产生这样的判断,恐怕和陆法言的姓氏有相当大的关系。

《切韵》的主要作者是陆法言。陆法言对于绝大多数今天的中国人来说并不是个熟悉的名字。陆法言一生并未当过高官,也没有像同时代的许多名人那样留下传诵千古的诗作,他最大的成就是创作了《切韵》。可以说,如果没有《切韵》这本书,我们今天是否能知道当年曾有一个叫陆法言的人可能都成问题。李涪生活的年代距离陆法言编撰《切韵》已经过去了两百年。虽然他距离陆法言的时代比我们要近得多,但是两百年的时光也足以抹去一个不甚有名的小人物的大部分痕迹了。可以合理推测,李涪对陆法言的了解十分有限。

不过相对幸运的是,陆法言父亲为陆爽,是在《隋书》中有传的大人物,《切韵》的写作缘起是成书二十年前的开皇初年，在陆法言家中的一次名流云集的聚会上，众人讨论所得。此时陆爽尚在世，应该就是聚会的东道主。《隋书》中明确记载陆爽是魏郡临漳人，这个地方在今天的河北，这和南方的吴地可谓南辕北辙。事实上，陆氏家族的祖籍地甚至还要比临漳更靠北。

比李涪活动时间稍晚、同样也是唐人的苏鹗，曾经考证过陆法言的家史。他发现，其实陆法言的家族本是代北鲜卑部落大人，其姓氏本为步陆孤氏，在北魏孝文帝汉化改革时改为汉姓——陆。陆法言的直系祖先为征西将军东平王陆俟，祖父为陆骐麟。陆骐麟生子陆爽，陆爽又生子陆法言。根据唐朝李延寿的《北史》以及《隋书》校对，骐麟和爽之间还有两代：孟远和慨之（概之）。陆俟再往上，则是陆突、陆引、陆干。虽然这些祖上的姓名看上去就像一般的汉族人，但是《北史》在提到陆概之的从叔——抚东大将军陆睿时，曾经有过记载，当陆睿迎娶博陵崔氏女时，孝文帝还没有下令要改鲜卑姓为汉姓，老丈人崔鉴曾经觉得陆睿"才度不恶"，但是"恨其姓名殊为重复"。这个让崔鉴觉得麻烦拗口的姓名是陆睿的鲜卑本名"步六孤贺鹿浑"。由此可见，这个陆氏家族确实是鲜卑的步六孤氏改来的，前几代祖先的陆姓，十之八九也是后来追溯家世时安上的。

李涪虽然以礼制严谨闻名，但在陆法言身世方面却是闹了一个大笑话，把代北鲜卑出身的陆家误认为是来自南方的吴人。既然陆法言本来就不是吴人，那么所谓《切韵》是吴音的说法，自然也是牛头不对马嘴的胡言乱语。李涪之所以出现这样的离谱错误，其实情有可原。他并不是唐朝唯一一个误以为陆法言是吴人的人。和李涪差不多时代的赵璘曾经在《因话录》中记录过："又有人检《切韵》，见其音字，遂云：'此吴儿，真是翻字太僻。'不知法言是河南陆，非吴郡也。"如果这个"有人"不是李涪本人的话，可知此时因为陆姓误以为陆法言是吴人的谬误已经流传颇广。

这类错误本质上是因为看到陆姓，就想当然以为必然是吴人了，可见陆姓和吴地的关系之深。

陆姓从古至今被认为是非常具有吴地特色的姓氏。和绝大部分中国姓氏一样，陆姓仍然是一个起源于北方的姓氏，按照传统说法，其主要来源为陆终氏、战国时齐国王室田氏的分支以及陆浑戎三类。这三类来源皆在中国北方，尤其和山东汶上、陵县和河南嵩县相关。然而从现今陆姓人口的分布来看，陆姓人口在名义上的起源地——华北地区却并不是很多，反倒在江南地区成为大姓。和许多古代分布在永嘉、靖康等地的北方大姓甚至更晚南下的姓氏宗族不同，陆姓的南下要早得多。南下陆氏的祖上是战国时期齐宣王的孙子陆通。西汉初年，陆通曾孙陆烈南迁，逐渐形成吴郡陆氏。可能是由于在本地发展时间较久，占得先机，因此成为江南地区的著名大姓。但陆姓在北方原籍和其他姓氏的竞争中并未占有太多优势，不成大气候。早在三国时期，吴郡陆氏就人才辈出，陆逊更是家喻户晓的东吴名将。因此，当永嘉南渡，北方的各大家族南迁之时，吴郡陆氏已经成为本地土著大族的代表，与顾、沈、张三家合称"吴四姓"。

在之后的千年时光中，吴郡陆氏在江南地区可谓根深蒂固，其根基极为深厚。从古至今，知名陆姓人物大多出身江南地区。如南宋时的绍兴人陆游、民国才女常州人陆小曼等。

也正是得益于此，算不上特别大的陆姓在中国却是妇孺皆知。根据2010年第六次人口普查数据，当时陆姓人口大约480万，在全国大约只能排在第60位。但由于陆姓依托的江南地区自中古以来经济发达，居民生活水平较高。因此不少小说中虚构的贵公子、大小姐往往被冠以陆姓。

根据对吴郡陆氏的Y染色体单倍型检测，吴郡陆氏的Y染色体单倍型占多数的为N-MF14134和其下游支系，在西汉和三国时期经历两次人口爆发，正对应吴郡陆氏西汉南迁和三国时期发展壮大这两个时间段。这个Y染色体单倍型的上游为 N-M1819，在中国南北都很常见，更是在北方地区的古人类中就已经发现，因此陆姓虽然是南方大姓，但是其源自北方倒也未必是强行攀附。

虽然许多人对陆姓的印象基本来自吴郡陆氏，但是陆姓的来源并不是很单纯。就算是在江浙沪的陆姓人口中，N-MF14134 单倍型的占比也不算很高。除了陆法言这样鲜卑步陆孤氏改姓陆，从人口比重上对陆姓影响更大的，可能是另外一支来自南方的陆姓。

非常有意思的是，陆姓人口最多的省级行政区，并非位于江南核心区域的江苏或浙江，而是广西。陆姓在广西东南部地区人口比重较大，在一些地方，姓陆的人口甚至超过 3%，也就是说 30 个人里头就有一个姓陆的，江南各地出现陆姓之人的频率都绝少有如此之高。广西其他区域的陆姓虽然没有桂东南地区这么集中，但也算相当常见的大姓，这个姓在广西可以排到第 6 位，远远领先于陆姓在全国的排位。

这些广西的陆姓家族，有些也和江浙的陆姓一样，其祖先可追溯到华北地区的陆姓；另外一些则有可能受到壮族姓氏影响——壮语的一些方言把鸟称作 rok，这个读音跟汉语的"陆"较为接近，尤其一些南方方言将"陆"读为 luk，还保留了中古汉语的 -k 韵尾，这就和壮语的"鸟"更加接近了。

因此有些壮族人在转用汉姓时就选择了以"陆"为姓。由于壮族较晚采纳汉姓，只有一小部分汉姓会被采用，有传说称，他们的姓往往取自各部落的名称，相比条件类似的汉族地区，壮族地区的姓氏分布往往呈现出更加集中的特征。以鸟为名的"陆"部落本就是壮族大部落，因此广西陆姓甚至比江南地区的势力还要更加庞大。只是由于古代广西的存在感低于江南地区，因而当人们聊起陆姓时，印象往往是在小石拱桥上撑着伞的江南人士，而非唱着山歌的壮家儿女。而如陆法言家族这样汉化的鲜卑文士，更是早早脱离大多中国人对陆姓的了解。

北魏改姓事件

就如陆姓的诸多来源一样，我们今天的姓氏并非只来自先秦时代流传下来的华夏古姓，许多姓氏是由外族改姓而来。前文已经提到一些朝鲜族和满族的改姓案例，可见，当拥有不同姓氏传统的民族想要本土化时，自己祖籍地的姓可能就成了"外人"的特征，这样就有了或主动、或被迫改姓的可能。这个过程并不局限于中国，历史上印度尼西亚和泰国的华侨均被强行改过姓。直到近年，日本也要求所有入籍日本的人必须采用日本已有的姓氏，因此就有张姓华人移民日本以后改姓张本。

在亚洲之外也有改姓的情况。美国是个以英语为主的社会，但是历史上大量移民来自不同的欧洲国家，因此许多移民家族都有更改姓氏的经历。19世纪到20世纪早期，多数欧洲移民通过纽约进入美国，当时的移民检查在埃利斯岛进行。由于太多欧洲移民进入美国之后改姓，美国就有了"埃利斯岛特供姓"的传说，即移民在通过埃利斯岛时，说惯英语的移民官会直接随手把移民的姓氏改成更"英"式的。实际上，这种说法属于道听途说，埃利斯岛上的移民官并不会给人改姓，改姓一般是移民进入美国后自行更改的，但是这个传说足以说明改姓现象之普遍了。如美国有一任总统姓Trump，这个姓原本来自德语Trumpf。pf这个组合德语的痕迹相当浓重，因此Trumpf家族就改成了看起来更像英语的Trump。法国移民Boucher可以改成Bushey，希腊的Dionysius可以改成Dennis。

在前现代时期的欧洲，这种做法更是成为通例，如果一个人移居不同国家，或者在不同国家有相当名气，他就会自行改造姓氏，适应不同语言的习惯。如著名的蒙娜丽莎原型Lisa结婚后姓del Giocondo。意大利语分阴阳性，所以如果单独指画或者画中人，就直接取材 Lisa 的姓的阴性姓氏，变为 Gioconda。由于达·芬奇在法国去世，蒙娜丽莎被带到了法国，Gioconda 在法国就按照法语习惯，改称 Joconde。

这种改姓规则，王室成员也不例外。欧洲由于王室联姻的关系，很多国家的王室血统来自外国。英国都铎王朝的血统是威尔士来源，原本无论姓名都是用威尔士语拼写；然而都铎家族在英格兰发迹的重要人物 Owain Tudur 把姓名改成了更为英式的 Owen Tudor。特别是当民族主义情绪高涨，尤其本国和自己的祖籍国发生战争时，王室也会更改自己的姓氏。如英国现王室，本属于 Sachsen-Coburg und Gotha 王朝，稍微英语化一点则是 Saxe-Coburg and Gotha。不消说，这几个来自德语的地名对于"一战"时的英国人来说，都太过于让人想起自己的敌人了，因此在 1917 年，英国王室赶紧把自己的姓氏（王朝名）改为了某个离宫所在的地名 Windsor。这个新姓氏干脆和之前的没有任何关系。当伊丽莎白女王嫁给菲利普后，后者本来的姓为 Mountbatten，后代就姓 Mountbatten-Windsor，这是菲利普亲王坚决要求后代传承自己姓氏的结果。

但是其实 Mountbatten 也是"一战"时英语化的德姓。Mountbatten 来源是德姓 Battenberg。berg 是德语姓氏的常见后缀，意思是山。"一战"时和王室一样，来自德国的贵族家庭 Battenberg 就干脆把 Berg 意译为 Mount 冠到 Batten 前面。这种改动显然比王室的改动动作小很多，大约是因为 Battenberg 家族作为目标显然没有王室那么显眼，所以改姓时稍微意思意思就可以。

从传统上说，中国人对外来姓氏的包容程度向来较高。除了明朝初年等特殊时期，一般来说不会强行要求外来姓氏更改。然而由于中国本土姓氏以单音节姓占绝对主导地位，复姓尚且经常会单化；当外来人群转而使用汉语和汉名时，本来的姓往往会因为音节数量较多等原因，显得拗口而不协调，因此就有了改汉姓的需求。

和欧洲姓氏的转换不同，欧洲姓氏很多情况下只是改一改过于扎眼的拼写，让姓氏较为符合所在国主流语言的拼读规律而已。汉姓的特质使得改姓往往得进行较大的变动，譬如仅仅只是把"步六孤"改成"步陆古"，虽然三个字都是已有的汉姓，但仍然起不到看上去与中国本土的姓氏协调的效果。

有鉴于此，中国历史上影响最大的一次大规模改姓就需要进行精心设计。北魏是鲜卑人建立的王朝，但是到了孝文帝时，他决意迁都洛阳，进行汉化改革，其中一个主要政策就是鲜卑人必须使用汉姓。

鲜卑人本来是蒙古高原上的游牧民族。和许多草原民族一样，鲜卑人固有的姓氏源自部落名称。早在五胡十六国时期，中国北方就有拓跋鲜卑、慕容鲜卑、宇文鲜卑等多个鲜卑部族。这些部族名后来就演变成了类似姓氏的标记。

由于鲜卑语在中古时期灭绝，这些部落名称的含义长期处于不可考的状态。20世纪后期，随着对鲜卑研究的深入，鲜卑语的归属逐渐清晰。鲜卑语是一种蒙古语系的语言，即鲜卑语和蒙古语在远古时代曾经有共同祖先，但是二者并非直系继承关系。用亲属关系打个比方就是类似叔侄关系。尽管并非直系亲属，但是蒙古语和其他亲属语言能为我们了解鲜卑语提供一些旁证。

鲜卑改姓浪潮还是以"对音"为主，基本上是用鲜卑姓氏的一部分发音去凑上一个比较常见的汉族姓氏。譬如步六孤改陆，就是取了中间的六的发音，中古时代"六""陆"同音，于是改成了陆氏。北魏时期鲜卑有勋臣八姓的说法，指的是在北魏建国过程中起到重要作用的八大部落，这八姓当中，除了步六孤氏改为陆姓，贺赖氏改为贺姓，独孤氏改为刘姓，贺楼氏改为楼姓，忽忸于氏改为于姓，丘穆陵氏改为穆姓，纥奚氏改为奚姓，尉迟氏改为尉姓。可以明显看出除了独孤改刘，其他七部都是采取直接取原姓部分对音所得。

独孤改刘倒是和语音没有关系，这是来自独孤氏自身的祖源传说。独孤氏的祖先是由匈奴加入鲜卑的，本来就出自匈奴屠各部，屠各和独孤在上古音近，本来就是一回事。东汉时的祖先——南匈奴贤王刘去卑，因为先代曾经娶过汉朝公主，所以使用汉姓刘氏。也有说法认为，刘去卑的先祖是被匈奴俘虏的东汉将领——刘进伯的后代。刘去卑的儿子刘猛被杀后，孙子刘副仑逃亡投奔鲜卑，形成独孤部。无论这个世系是不是真实存在，北魏时期的独孤部由于相信自己本就使用过刘姓，在孝文帝改革时就顺理成章地将姓氏直接改成刘氏了。只是改姓时一些边地的独孤氏未受波及，或者在宇文泰胡化改革时又改回独孤氏，因此北朝末年到隋唐才有了著名的"一门三皇后"的独孤信家族。刘去卑的另一支后代后来则一度抛弃刘姓，改姓为赫连，建立胡夏政权。

有趣的是，尽管大部分鲜卑姓氏改为汉姓时采取了音译的方法，也有部分是用的意译。这些意译的姓氏为我们了解鲜卑语提供了重要证据。这些意译姓氏有的非常有趣，如叱奴氏就改成了狼氏。考虑到蒙古语狼是 činua，叱奴氏采用狼姓，显然是采用了意译的方法，起因大概是叱和奴都没有合适的可以音译的汉字。但是姓狼显然也是在仓促改姓时对汉文化不够熟悉，而选了一个不大合适的字。后来，狼氏中有一部分又改成了郎氏，观感上就好了很多。宥连氏则改为了云氏，蒙古文的云为 eülen，和宥连的读音相当接近，可见宥连氏也采取了意译的方式。

北魏改姓由于推动速度极快、动作极猛，出现疑似问题的地方还不少。鲜卑本来有个侯氏，这是鲜卑少有的单字氏，理论上说侯氏可以直接过渡到侯姓，不需要更改，但是也不知是因为不敢保留原氏，还是误以为汉族无侯氏，鲜卑侯氏愣是改成了一个极其罕见的亥姓。蒙古语有个词 qobosu，表示野猪；-su 是蒙古语自己的后缀，在较远的亲属语言中并未出现，因此，侯氏的氏族名很有可能来自野猪。但是如果汉姓改为猪姓，那实在太难看了，而在北魏时期猪、朱的语音相差较大，不能互相通用，因此朱姓也不是可选项，于是就只好选择了十二地支中的亥来隐晦地意译原本的鲜卑词了。相比而言，若干氏就要走运很多。若干氏几乎可以肯定姓氏本来的意思是狗，在蒙古语中，狗是 noqai。今天普通话中的 r 声母，大多来自中古时代的鼻音，这个说法在一些方言中还有保留，譬如上海话把"上海人"说成"上海宁"，noqai 和鲜卑语的"若干"也对应良好，若干氏在改汉姓时直接采用了苟姓，没有像叱奴氏那样先用狼再改郎，也没有像侯氏那样多此一举改成了亥氏，可能当时的若干氏当中有颇具汉文化修养的人士。

有趣的是，最重要的一些鲜卑姓氏，则在典籍中也会记录这些鲜卑姓氏的原意。譬如《资治通鉴》对拓跋氏的解释是"北人谓土为拓，后为跋"，拓跋就是土后（土地的主人）；宇文氏则是天为宇、君王为文，宇文就是天君。

但是这些记录却不一定完全靠谱。首先是"宇文氏是天君"的问题，这可能是宇文氏自吹自擂。宇文氏对于自己姓氏来由是这样说的：宇文氏曾经有一位名为普回的祖先，普回在打猎时拾得三个玉玺，上有"皇帝玺"的字样，普回认为是上天授与。因此将部落改为宇文国，并以宇文为姓氏——这个说法显然是宇文氏发迹之后接触了汉语及汉文化，才可能产生的。

事实上，在宇文氏发迹之前，他们的姓氏并不总是写成宇文。由于是音译词，早期宇文氏的写法也并非如后来这般用字考究。宇文氏在《魏书》中写作俟分氏，在南朝何承天的著作《姓苑》中被描述为："宇文氏出自炎帝，其后以尝草之功，鲜卑呼草为俟汾，遂号为俟汾氏。"尽管出自炎帝尝百草的说法很有可能是攀附所致，但在何承天生活的年代，鲜卑语还是一门活的语言，他了解鲜卑语肯定比后人方便许多，比起后来明显有自吹自擂之嫌的"天君"，一个草原氏族以草为氏显然更加合理。

蒙古语"草"的读音是 ebesü。正如之前所说，其中的 -sü 是蒙古语的一种后缀，而不是词根的一部分。如果只看 ebe，南北朝时期"汾"的声母也是 b，还是相当接近的。因此何承天所言"宇文"来自"草"的说法应该确有根据，不是自行发明。宇文氏最辉煌的时代要从北魏末期开始。宇文泰把持了北魏和分裂后的西魏的朝政，他的后代更是篡位建立了北周。

从北周王室的情况看，宇文泰的儿子们都有所谓的胡名作为小名使用。宇文泰更是恢复鲜卑旧姓，并对汉人大臣赐鲜卑姓氏。隋唐两代的皇室——杨氏和李氏，当年分别被赐普六茹氏和大野氏。因此北周的宇文氏按理来说应该是会鲜卑语的，只是不知道他们对于自己的姓氏可以被理解为草是怎么看了。

由于孝文帝汉姓改革时，宇文氏主体尚在北部边境的六镇地区，六镇鲜卑受汉文化的影响小得多，汉化改革在六镇也没有得到彻底贯彻，改姓也并未波及宇文氏。又因为写成"宇文"之后意思不错，看起来和一个普通的复姓无异。宇文氏也就直接吸纳为汉姓，并未经过改造。只是后来像许多复姓那样，会有简省成宇姓的情况出现。

和宇文氏不靠谱的天君之说相比，拓跋氏意为"土后"的说法倒可能有一定道理。由于拓跋氏的强大影响力，这个姓在中古时代的突厥文中也留下了记录。拓跋在突厥文中是Tabγač，而在中古汉语中拓跋的读音大概类似Takbat。两者相比较，中间的两个辅音出现的换位现象。早期拓跋还有秃发等音译，从中古汉语的读音分析，秃发表示的是Tokbat之类的音，和Takbat区别不大。

Tak/Tok 表示"土"，和上古汉语"土"本身的读音相对接近，可能是早期的汉语借词，bat/bač则和印度语言表示的"主"的词pati相当接近。鲜卑人活动区域面积广大，可以通过西域受到印度文化的影响，加之后来笃信佛教，因此也有机会借用到印度语言的词语。汉语"拓跋"的时代更早，更加符合"土主"含义，似乎"拓跋"比Tabγač更多保留了原本的形态。

相对后起之秀宇文氏，拓跋氏发迹更早，影响也更大，在氏族名中加入"后/主"倒是不足为奇。也或者早期的"拓跋"是其他含义，但是发迹之后正好可以按照"土后"来解释。这也可能给宇文氏解释为"天君"带来了一些启发。拓跋氏处于改姓风暴的核心，北魏孝文帝拓跋弘为自己的鲜卑姓氏选择的对应汉姓为"元"，以体现皇家的尊贵地位。虽然后来有过宇文泰把北魏皇室改回拓跋氏的倒退之举，但是拓跋氏的主体在唐朝以后仍然变成了元氏。著名诗人元稹祖先就是拓跋氏，金元时期的元好问则是另一支拓跋家族的后代。但是元氏是一个已有的本土姓氏，清朝康熙帝名为玄烨，由于避讳缘故又有大量玄姓被改成元姓，因此今天的元氏大部分未必是拓跋氏的后代。

不过在鲜卑拓跋氏普遍改为元氏几百年后，中华大地上又冒出一大帮拓跋氏。这批自称拓跋氏的人带领党项人建立了西夏，成为西夏的王族。

党项人属于汉藏语系的族群，和今天四川西部的嘉绒藏族有较为密切的文化联系，党项的故地也是在今天四川西部到青海东部，后来在吐蕃扩张的压力下才迁往宁夏地区。党项人和属于蒙古语系的鲜卑人照理来说亲缘关系比较疏远。但是早在公元9世纪初的《元和姓纂》中，就明确说党项拓跋氏的祖先为鲜卑元氏／拓跋氏。党项拓跋氏成员拓跋驮布的墓志对此的解释是，党项拓跋氏本是鲜卑人，后来流落到党项地区。拓跋鲜卑早就有支系向西迁徙，建立南凉的秃发氏就是拓跋氏的支系。拓跋驮布的祖先先是变成了党项人，后来又与吐谷浑部杂居，担任浑项王。这其中的吐谷浑部其实本是慕容鲜卑的一支，西迁之后在青海地区游牧，如果世系真是如此，拓跋驮布的祖先到此又变成了鲜卑部落中的党项人。

然而西夏王族的直系祖先拓跋守寂的墓志中则说自己的先祖"三苗，盖姜姓之别"。这个主要受汉代古籍西姜（羌）出自三苗这一说法的影响。西羌在汉朝主要指的是一些居住在西部的汉藏语系民族，在早期和华夏人有较为密切的共祖关系，参与了华夏人的形成，早期的姜姓是来自羌。从党项人的文化属性上来说，来自西羌自然是比来自鲜卑要更合理。

比较大的可能是，西夏王室是拓跋鲜卑的某个破落支系，依附党项人之后党项化，后来咸鱼翻身成为了党项人的首领，并建立了西夏。因此对于自己的来源有鲜卑和西夏两种说法。党项拓跋氏在历史上由于种种原因，换姓非常频繁。在唐朝时，因归附朝廷被赐姓李；到了宋朝李继迁一代，由于对宋朝时降时叛，在和宋朝关系良好时使用宋朝赐姓，改名赵保吉；叛时宋朝就会收回赐姓，其名又改回李继迁；而在西夏内部，实际可能还在用拓跋姓。他的儿子李德明由于一直未叛宋，所以实际上一直使用宋朝赐姓，名赵德明。到了真正称帝的李元昊一代，生造了一个新的姓氏——嵬名，这个姓氏在党项语中读作 ngwe myi，这个奇怪的姓氏比较大的可能是为了承接拓跋氏所建立的最辉煌的王朝——北魏的法统，实际上是汉语"魏名"在党项语的借音。古代汉语魏有 ng 声母，今天广东话的魏还读 ngai，党项语基本不允许有鼻音尾巴，所以名被借成了 myi。后来又与宋朝朝廷讲和，此时李元昊一度坚持要求"称男不称臣"，也就是宁可当宋朝皇室名义上的儿子，继续做赵家人而非宋朝臣子，这个要求遭遇宋朝朝臣的激烈反对，导致和议延误许久才达成，最终宋朝并未再次赐姓。但是到了李元昊的儿子谅祚的时期，谅祚求娶宋朝公主，宋朝以曾经赐姓给西夏王室，同姓不婚为借口推辞了。可能是因为这个原因，从次年开始，谅祚给宋朝上表时又改回了李姓，宋朝对此很不高兴，但是从此西夏王室方面开始采用"对内嵬名对外李"的姓氏双轨制。

西夏被蒙古灭亡时恰逢成吉思汗去世，成吉思汗专门留有遗命，要求屠尽西夏王室，因此蒙古人对西夏王室屠杀极重，为了活命，西夏王室必须隐姓埋名，尽量抹去身上的党项特征。此役之后，党项的拓跋氏也基本绝嗣，拓跋作为姓氏在中国基本消失。原本的党项拓跋氏一般改成李姓、魏姓和拓姓，分别对应长期使用的汉姓，嵬名和拓跋的简化版本。

西夏王室到底是不是拓跋鲜卑的直系后代呢？

拓跋鲜卑的Y染色体单倍型现在已经有较为可靠的结论，他们属于C-F1756的下游类型。与分析后裔不同，这个结论是通过测量古代墓葬的古DNA，推出墓主是孝文帝的曾孙——元威。相比现代人推论，出错概率要小得多。C-F1756是一个在北方草原比较常见的类型，至今在蒙古高原出现频率还是很高。和拓跋鲜卑源于蒙古草原东北部的发迹史吻合。

今天宁夏的李姓和魏姓，相比其他地区更为高频地出现D-Y14813单倍型。西夏立国时间较久，王室有足够时间形成基因扩张，西夏王室后来又以改为李姓和魏姓为主，我们可以合理推断党项拓跋氏的Y染色体单倍型为D-Y14813。

但是D型的Y染色体单倍型高发于包括青藏高原在内的中国西南部地区，今天多出现于藏族、彝族等西南民族，符合党项主体人口来自西羌的史实。因此，西夏王室的拓跋先祖也未必那么可靠，也许是来自北魏或南凉时期的赐姓/冒姓；抑或者在早期传承过程中，早就不知不觉换过种了。西夏时期王室和治下的党项百姓已经是同族，并不是拓跋鲜卑跑到了党项人的地盘为王。

西域来客改姓记

几乎在鲜卑大规模改姓的同时，还有一大批西域来客也通过改姓融入中国。

康姓，按照传统说法是卫康叔的后代。武王伐纣后，今天的卫国作为商朝的旧都，一开始仍然由纣王的儿子——武庚管辖。卫国起初的封地在康，周成王平定三监之乱后才徙封到卫。这看起来是一个平平无奇以地名为氏的例子，然而卫国改封的史实已经被文物所确认。1931年河南出土了西周青铜器——康侯簋，记载了康侯帮助周王征讨武庚改封在康的事。徙封之后，康地仍然归属卫康叔和其后代。卫康叔之后，康氏并非完全无迹可寻，康叔的儿子、卫国第二代国君就称康伯懋，此外，陕西宝鸡曾经出土的西周中期的康季鼐，也说明康氏曾经开枝散叶。然而之后康氏就转向沉寂，可能是因为康作为封地只持续了很短时间，卫康叔的后代绝大多数还是选择了持续几百年的卫国为氏，康氏的人口基数不足，自然就绝嗣或者也改成其他氏了。

因此，除了跟康叔直接相关的几个西周康氏，康氏有着一个奇怪的特征，即史书中几乎找不到先秦两汉时期以康为氏的名人。非但如此，就算在出土的汉朝以前的玺印里也很难看到康氏。

到了东汉末年，康姓名人开始集中出现，其中的康孟详很有代表性。康孟详的祖先是西域康居国人。早期的康居人是中亚地区的游牧部落，后来定居在今天乌兹别克斯坦首都塔什干附近。康孟详于公元194年自西域来华，从事弘法译经工作。他的康姓来自于康居国，和中原人以国为氏的传统相当类似，只是这个国远了一点。同期还有其他的康姓僧人，如也在洛阳活动的康巨。在其后不久的三国时代，康姓也出现在了中国南方。其中最有名的康僧会是交州人，也就是今天的越南北部。然而他的先祖迁徙的历史要复杂很多。他父亲是天竺人，因为经商才移居交州。再向上面追溯，康僧会的远祖也是来自中亚的康居国。因着中亚和天竺先祖的影响，康僧会也早早皈依佛门，是东吴重要的弘法僧，可以说是将佛教传入中国东南部的关键人物。

可以很明显地看出，这些汉末三国的康姓名人都是佛教僧侣，且祖籍全是西域康居国，他们和卫康叔完全无关，姓康只是纯粹的巧合。在这些弘法僧的影响下，一些中国本土的僧人也改姓为康，譬如晋朝时就去天竺求法的康法朗。这个则和今天的和尚多叫释某一样，其实是法名，一般都是因为老师姓康，跟随而已。

虽然僧侣留下后代的概率比常人低得多，但是并不是只有出家为僧的康居人才会来华。康僧会就出生在交州，交州当时是中国的一部分，可见已经有康居人在中国留下后代。到了东晋时期，著名的僧人康僧渊就生于长安，他在东晋成帝时过江南下，于江西豫章山立寺，追随者很多。康僧渊相当擅长流行在魏晋士人间的"清谈",他曾经和东晋书法家丞相王导有过一段交流,即:"康僧渊目深而鼻高,王丞相每调之。僧渊曰:'鼻者面之山,目者面之渊;山不高则不灵,渊不深则不清。'"这里王导调侃康僧渊高鼻深目的相貌特征,被康僧渊巧妙化解。可见此时康僧渊身上西域血统的痕迹还非常明显。

既然在中国繁衍生息,可以想见不可能所有的康居移民后裔都会出家。时间一久,康氏人口逐渐变多。随着康氏家族继续扩大,到了中古时代,终于形成了自己的高门大姓——会稽康氏。

中古时期中国人,尤其是上流社会,很喜欢称郡望。这是唐朝各个高门非常热衷的概念,是家族名义上的祖籍。而且为了显示传承有自,地名一般还会使用汉魏时期的旧名。实际上,郡望一般是同姓的某个早期望族的发祥地,并不一定真的是自己家族的祖籍。由于这样的缘故,多数高门的郡望主要位于北方,尤其是中原到关中一带,这里是华夏文明的发祥地,孕育了许多早期的名门望族。

会稽康氏是较少的以江南为郡望的家族,之前提到的吴郡陆氏,以及吴郡顾氏、吴兴沈氏,也是以江南为郡望的家族。这几家都是在江南盘踞已久的本地望族。然而会稽康氏则有些没头没脑。会稽康氏有个非常重要的人物——唐朝初年的太学博士康国安,他的家族发展势头很好,他的儿子康希铣曾担任六州刺史,更是将家族推向鼎盛。在颜真卿撰写的康希铣神道碑中,康氏以会稽为郡望才在传世文献中第一次出现。按照神道碑本身的世系,这支康氏家族的远祖是卫康叔,汉代出了一个汲郡(今河南卫辉)太守康超,在晋元帝时期跟随元帝南下过江,即属于永嘉南渡士族的一员。后来先居住在乌程(今浙江湖州),数代后再落籍会稽(今浙江绍兴)。

神道碑铭文全称叫做《银青光禄大夫海濮饶房睦六州刺史上柱国汲郡开国公康使君神道碑铭》。以此来看,康希铣本人使用的郡望应该还是汲郡康氏。不过碑文还提到,他的两个儿子都被封为会稽县男,可见郡望已经向会稽转化。和康希铣同期的一些墓志铭文中也有提到康氏墓主或墓主夫人康氏是会稽人。稍晚的康日知封会稽郡王,儿子会稽郡公,孙子会稽县男,可见全家都已经被认为是会稽郡望。

按照神道碑的说法,会稽康氏从汲郡转到会稽,代代传承有序。可是如果细究会稽康氏的历史,则会发现康希铣的说法存在一些漏洞。会稽山阴中古时期确实有一支兴旺的本地康姓家族,这支康氏在会稽籬渚还拥有家族墓地,除了康国安家族，密州司马康遂诚也是家族成员。

神道碑中提到了晋朝时康氏家族的一位先祖——晋虎贲中郎将，康泰。三国时期确实有一个名为康泰的人物，他在吴国担任中郎，被孙权委派出使南海。由于此时康氏人口稀少，在东吴和晋朝都有一个康泰，又都当过中郎（将）的概率很低，这两个康泰可能是一个人，只是康希铣对祖宗的事迹进行了一定的改创。自古以来，中国就有委派熟悉外国情况的外族入华后裔出使的传统，这个康泰虽然生平经历不详，但是很可能就是因为来自康居国，所以摊上了这份差事。

如果康希铣的溯源没有出错，那么康泰很有可能就是后来的会稽康氏的祖宗。而在康氏家族于会稽本土化的过程中，康氏渐渐开始在西域康居国之外试图寻找一个来自中国本土的根源。就这样，卫康叔这个现成的高贵祖宗就被康氏族人发现了，最终形成了会稽康氏。

作为康泰后代的会稽康氏，到了唐朝至少已经入华几百年，当作本地人称会稽康氏也未尝不可。而其中，康日知家族的经历就更有意思了。康日知家族从西北方向入华，先后在灵州、长安定居，到康日知时可能也不过三代人左右，康氏后人的墓志铭和传世史料中，关于康日知祖父的名字就有"石""植""祎""延庆"至少四个已知说法，曾祖更是只有康日知姑姑的墓志提到，直接叫"康校尉"，可见家族入华时间不长，祖父很有可能是二代甚至一代移民，因此并没有稳定的汉名，就连自家后代对祖宗名字都乱说一气。这个康氏家族乃是粟特胡人后裔是当时人所共知的事实，《新唐书》的《康日知传》就说"康日知，灵州人"。然而就在入华短短两三代间，康日知家族已经把郡望安排到了会稽。康日知的姑母和两个儿子的墓志铭更是分别直言"其先会稽人也""本会稽人也"。从唐朝的实践来看，同姓某支家族发家之后，其他同姓家族会统统攀附上去，倒也是正常的操作。既然已有会稽康氏珠玉在前，那么康日知家族号称会稽人也符合唐朝的社会习俗，和韩愈号称韩昌黎并无本质区别。况且对于很多康氏家族来说，说自己是"会稽"人也并没有说错。

历史上康氏选择位于南方的会稽作为郡望，有可能是有意无意地和西北方向真正的祖籍地尽量撇清关系。但是实际上，他们还利用了一个很巧妙的地理细节。以一般人所知的地理知识，会稽是浙江绍兴的古称。但是恐怕很多人都不会想到，在中国的西北也有一处会稽——这个会稽在现在的敦煌瓜州一带，隋唐时期属沙州常乐，这一片曾有个古县——会稽县。西北的会稽县若论地名来源确实是来自江南会稽。西晋元康五年，此时敦煌处于西凉控制之下，西凉在敦煌析地设置了会稽。前秦末年，曾经从江汉之间迁徙了一万户到敦煌，加上中原地区迁来的民众以及东边西逃而来的难民，敦煌一共有两万多户侨民，这次析地就是为了安置这些侨民。其中，安置南方侨民的就称作会稽县，这显然是因为居民是南方人，而县名也照抄了南方的地名。这个会稽县后来还先后改为会稽郡和常乐郡。

敦煌位于中西交通要冲，历史上有大量的粟特人经敦煌进入中国，其中不少康居移民就曾经居住在敦煌的"会稽"。因此，来自康居国的粟特康姓声称自己是"会稽"人甚至都不算假冒，至于旁人把会稽误理解成江南会稽，那当然是他们自己的事。

会稽康氏还有一个编外成员——安禄山。安禄山父亲是粟特人，母亲是突厥人。他的父亲祖籍康居，按道理安禄山应该姓康。安禄山本名轧荦山，这个名字和大名禄山一样，都是粟特语Roxshan的音译，意思是光明。考虑到生父姓康名字又有粟特背景，安禄山的粟特特征应该相当明显。

安其实是安禄山继父的姓氏。和康一样，安也是一个典型的粟特姓氏，来自安国，即今天的乌兹别克斯坦布哈拉。在当时这也是一个以粟特人为主的城邦。安禄山的继父为安延偃，本来在突厥汗国，但是也很有可能是属于汗国中的粟特胡部。突厥姓氏和粟特姓氏不大相同，当时的突厥姓氏一般是多字，如安禄山母亲就是阿史德氏。不过唐朝突厥人和粟特人有密切的合作关系，不少粟特人也生活在突厥汗国的政治军事体系中。安延偃的部落在斗争中失利后，安延偃带着自己家眷以及唐朝胡将安道买的儿子，投奔了当时在山西岚州的安道买，安禄山就此开始了在唐朝的生活。

有趣的是，在《大唐博陵郡北岳恒山封安天王之铭》中，安禄山仍然把自己的郡望设置在常乐，也就是旧时的会稽。常乐并非粟特安氏常见的郡望，一般来说粟特安氏的郡望是武威和凉州，常乐或者会稽是康氏的郡望，显然安禄山大概是知道自己的本姓以及真正的祖籍是康居的。

中古时期，中国曾经有为数众多的粟特移民。这些粟特人多是由于经商而入华。粟特人本来的家园在中亚费尔干那谷地，是一系列小型绿洲，条件恶劣、资源贫瘠，但却地处交通要冲，因此粟特人早早就以经商贸易为业，形成了一张覆盖数千公里的贸易网络。粟特人在迁居外地后往往聚族而居，形成独立于当地人之外的社群。又由于道路凶险，粟特商队一般是武装商队，因此粟特人也相当尚武。粟特群体在中古时期的一些军事和政治动乱中起到了关键性的作用。

粟特人自身其实是不用姓氏称呼的，早期发现的粟特文书里粟特人之间互相通信时都只称名，没有姓。入华时间一久，由于中国人有非常强势的姓氏传统，粟特人也就在和中国人的交往过程中开始使用姓氏和汉名。时间一久，很多粟特人甚至不再使用粟特名，而是只用汉式姓名。

中亚粟特人本是生活在一个个城邦中。各个城邦之间有相当高的独立性。因此入华的粟特人取姓时一般就直接以自己的城邦为姓。中古时代，有九个粟特城邦的居民在华人口较多势力较大，因此他们就形成了九个姓氏格局，这九个来自粟特城邦的姓氏就合称"昭武九姓"。

中亚的粟特城邦其实不止九个，因此到底哪九个姓算昭武九姓，不同资料略有出入。总的来说，来自大城邦的康、安、曹、何、史、石、米是较为肯定被囊括在内的。剩下两个则各说有所不同。来自粟特人的姓氏当然是超过九个的，只是中国人自古喜欢以九代表众多而已。

所谓"昭武"，有可能指汉朝的张掖郡昭武县，粟特人的原乡在中国之西，除了会稽康氏这样走了海路的，入华时往往首先定居河西走廊，因此称昭武。也有说法认为，昭武可能是某种粟特语的音译。这些姓氏本身则大多来自粟特。

康姓来自康居国，康居当然是一个音译。但是实际上，汉朝所说的康居是在塔什干附近，到了南北朝时期，康居国转移到中亚古都撒马尔罕。中国人认为撒马尔罕城邦是古代康居国的延续，因此把撒马尔罕称作康国，当时撒马尔罕是粟特第一大城邦，因此来华的康姓粟特人人多势众也就顺理成章了。

和康姓类似，安姓也并不是完全的音译。早在粟特人入华之前，安姓业已存在。汉朝时西域有安息国。安息其实对应的是古代伊朗的帕提亚王朝。帕提亚王朝的开国君主名为 Aršak，其他国家经常以这个名字称呼帕提亚王朝。按照中国汉朝当时的对音习惯，这个名字音译为安息或者安石。我们今天说的石榴就是安石榴的省称。和后来的粟特人一样，从安息来的移民往往就冠以安氏。譬如汉朝著名的僧人安世高就是安息人。北魏高官安同的祖先也是东汉时入华的安息人。

帕提亚人也属于伊朗族群的一员，和粟特人有很多相似之处，也都属于汉唐时期中国人所谓的"胡人"。

和粟特城邦不同，帕提亚王朝是个幅员辽阔的大型帝国，领土向西一直延伸到西亚地区。帕提亚帝国的核心区域还是在伊朗高原和两河流域。中亚地区只能算是帝国的边区。但是中国在安息帝国东边，中国人还是对安息帝国东部的领土更加熟悉，也就觉得安息位于中亚。中古时期，粟特安国统治布哈拉绿洲。布哈拉绿洲历史上其实并没有被安息王朝控制，在汉朝是属于月氏人的贵霜帝国。但是到了中古时期，可能由于布哈拉在粟特诸城邦中相当靠西，就像康居出现了地理转移，安国也出现了张冠李戴的现象，布哈拉（中古时期音译为捕喝或布豁）被误认为东汉时期的安国，布哈拉来源的粟特移民也被冠以安姓，和之前的安息移民合流了。何姓则来自 Koshana，以名字来看可能和月氏人的贵霜帝国关系较为密切，地界则是在泽拉夫尚河中游，现位于乌兹别克斯坦纳瓦依附近，在粟特诸城邦中相对较西。何氏虽然是本土大姓，融入之后很难看出来源，但是历史上本土起源的何氏是韩氏的南方变体，主要分布在南方地区。如果是在北方地区的何氏家族而且并非是南人北上，则祖上说不定是粟特何国人。

撒马尔罕绿洲北面以农村为主的地区统治者是撒马尔罕王族的分支，属于撒马尔罕的附庸国，称作 Osrušana，更古的名字是 Sorušna，被中国人称为曹国，曹国又分为东西两支，分别称东曹和西曹，由于 So 读音接近中国已有的常见姓氏曹，因此就直接算成曹氏了。这种音译还有史国，粟特名为 Keš，汉译取了尾音。米姓则是来自撒马尔罕以东的 Māymorḡ，中心可能在现在的彭吉肯特，是纯粹的音译，只是截去了后半部分。石国则在今天的塔什干附近，其实也是真正的汉朝康居国所在，石国粟特名为 Čāč，汉语翻译为石或赭石，有趣的是，塔什干这个后来的名字字面意思就是"石头城"。如果这个名字有更古老的源头，则中国人将其译为石国可以算非常贴切了。

在几个公认的昭武大姓之外，还有来自 Paykand 的毕氏。今天被称作花剌子模的火寻国也有被列入有些版本的昭武九姓。但是火寻这个复姓并没有存活到今天。值得注意的是，昭武九姓中有好几个姓都是上古时代就存在的汉族大姓。一些大姓不光吸收了昭武九姓的粟特人，还吸收了其他外族。譬如史姓就是一个相当受欢迎的姓氏，除了粟特史国，突厥王族阿史那氏和后族阿史德氏都有改为史氏的，有时候这甚至会造成一些人的族属不明。譬如安禄山的同伙史思明，由于资料远比安禄山少，有的材料认为是粟特人，另一些材料则认为是突厥人。

但是有意思的是，安禄山父子败亡时，史思明曾经短暂归顺朝廷，此时史思明在自己立的碑上号称自己是金陵史氏，也就是南京人。这里史思明也和许多史姓粟特人一样，是玩了一个地理游戏。前凉时期，河西张掖和酒泉两郡之间曾经设置过建康郡。如果说河西会稽可能是真的吸纳了不少南方移民，河西建康则似乎纯粹是用东晋都城名讨个好彩头。后来河西建康也成为很多粟特人入华的中转站，建康也就成了众多粟特人的郡望。

按理来说，金陵是江南建康的古名，河西建康不应该称作金陵。但是史思明却大剌剌地声称自己是金陵史氏。会稽康氏尚且在和人打哑谜，金陵史氏就是明着误导了。不过把河西建康称作金陵倒也不是史思明一人所为。另一位唐朝名人，与史思明同时代的李白在自陈家世时表示自己"白本家金陵，世为右姓，遭沮渠蒙逊难……"李白家族号称陇西李氏，陇西李氏发展过程中并无在南京生活的踪迹可寻。沮渠蒙逊是北凉第二代君主，匈奴人。活动范围基本限于河西，也和江南建康基本没有关系。李白提到的家族祖上在金陵蒙难一事，大概率指的是河西建康而非江南建康。

由此可见，昭武九姓在需要洗白自己身份时，都颇有一些行之有效的妙法。有些粟特人更是采取了釜底抽薪的绝招。除了昭武九姓，部分粟特人也成功把自己的祖先嫁接到了其他的本土汉姓上。譬如唐朝时曾有一位名叫郑岩的官员，他是宰相张说的女婿。郑岩是张说在罢宰相担任相州刺史期间特意请相面师为自己女儿选择的夫婿，本是张说的下属，也算是成就了一段才子佳人的佳话。张说大概对自己的这位女婿非常满意，郑岩的儿子后来又迎娶了张说的孙女，算是连续两代结为亲家了。

郑岩之所以能够获得宰辅的青睐可能和自己的姓氏有关。郑岩的墓志铭中明确说自己是河南荥阳人，是周朝王室、郑国公室的后裔，是荥阳郑氏的成员。荥阳郑氏从东汉末年开始发家，到了唐朝已经成为不折不扣的豪门。唐朝一共有十位宰相出自荥阳郑氏。唐朝皇室都热衷于和荥阳郑氏结亲，唐朝一共有八位公主下嫁荥阳郑氏。以唐朝当时的眼光，公主嫁入荥阳郑氏甚至可能都算不得下嫁，如郑颢是唐武宗年间的状元，唐宣宗时宣宗为爱女万寿公主择婿，当朝宰相白敏中极力推荐郑颢。于是唐宣宗就挑中了郑颢。此时郑颢和范阳卢氏女早有婚约，甚至已经上路迎娶，但皇命难违只得当了驸马。从此郑颢深恨白敏中，逮着机会就要上奏章弹劾。可见对于唐朝顶级豪门来说，皇女尚且未必看得上，迎娶宰相女儿更是再正常不过。

然而郑岩荥阳郑氏的身份却并非无懈可击。墓志中，郑岩的六世祖名为盘陁。这个名字对于本土的中国人来说会显得有些莫名其妙，这两个汉字的组合在汉语中并无相关意思。但是中古时期不少粟特人都名叫盘陁或其他音近的名字。这个名字实际上来自粟特语 bandak，意思是仆从、奴隶。中国人如果名字里有表示仆从、奴隶的字，一般是用作小名。如唐高宗李治小名稚奴，是长辈的爱称，不用于正式的名字当中。粟特人大名中使用盘陀，主要是表示"是某某神的仆人"。古代粟特人多信仰琐罗亚斯德教，也就是中古时期所谓的祆教，俗称拜火教。这种宗教发源于大伊朗地区，粟特人算是伊朗族群的一员，跟波斯人沾亲带故。但是粟特版本的祆教和后来伊朗本土的有一定不同，如粟特人崇拜娜娜女神，因此很多粟特人就叫做娜娜盘陀，即娜娜女神的奴仆之意。玄奘和尚在西行时就曾经碰上过一个叫石槃陀的胡人，他算是唐僧西行途中的第一个弟子，后来因为受不了西行之苦，一度想要谋害玄奘。石槃陀很有可能就是后世孙悟空的原型，因为粟特胡人体毛浓重，才演化为猴子的形象。

非但如此，根据《新唐书》记载，郑岩的祖父郑行谌曾经担任萨宝果毅。萨宝是一个唐朝时期的特殊官职。由于唐朝时入华的粟特人数量众多，在一些地区形成了聚族而居的聚落。由于粟特人的习俗和中国人不同，唐朝就在粟特人当中挑选社群首领让其自行管理粟特社群。萨宝一词来源于粟特语Sartpau，意思是商队的首领。粟特人向来以经商贸易闻名，来华粟特人主要由商人群体组成，因此首领自然就称为商队首领。

由于萨宝的官职特性，担任萨宝的必然是粟特人，真正的荥阳郑氏是世代在中原居住的汉人，对粟特人和粟特文化并不熟悉，完全没有担任萨宝管理粟特社群的先决条件。既然郑岩的先祖叫盘陁，祖父还担任萨宝，说明他的家族大概具有粟特血统，非中国本土的荥阳郑氏，而且入华时间不算长，至迟在祖父辈粟特人的痕迹还相当明显。

荥阳郑氏在唐朝算是顶级高门，通婚对象多是五姓七望家族（如郑颢未婚妻范阳卢氏）的成员。这类家族对血统传承重视程度非一般家族可比，按照道理是不大可能接纳这种血统不明攀来的假亲戚。郑岩的祖上不知道使了什么方法，竟然使得自己家族被荥阳郑氏认可。这可能与郑岩的祖父郑行谌长袖善舞有关。郑行谌不但担任过萨宝，后来也升官当过洋州刺史。洋州在今陕西汉中地区，是不折不扣的汉地州县，仅仅一代人的时间，郑行谌就从粟特人首领过渡到一州之长，效率不可谓不高。大概是由于郑行谌火箭般的升迁速度，他的儿子们也获得了唐朝高门大姓的青睐。郑岩的母亲，即郑行谌的儿媳妇，姓薛，也属于唐朝高门——河东薛氏。尽管祖父一辈尚在担任粟特人的萨宝，但是父亲一代就已经和中原贵胄结亲，到了郑岩俨然更是高门子弟。根据唐朝史料记载，郑岩家产颇丰，以田产众多出名。可见就算高门大户，也不是不懂权宜变通之术。

郑姓并非昭武九姓，也并不对应粟特城邦。选择郑氏应该完全是郑岩先祖的冒姓决策所致。今天陕西礼泉的一些郑姓家族Y染色体单倍型为R型，可能和唐朝时的粟特郑氏有关。可见粟特人华改姓并不仅仅局限于昭武九姓，只是规模可能没有昭武九姓那么大罢了。

由于昭武九姓追根溯源其父系祖先多是粟特人，粟特人作为印欧人的一支，Y染色体单倍型分布情况和中原地区差距极大。唐朝之后粟特人所居住的中亚绿洲城邦先后经历了塔吉克/波斯化和突厥化，外来文化的影响，今天文化意义上的粟特人已经几乎不复存在。但居住于塔吉克斯坦偏远地带的雅格诺布河谷的少数民族雅格诺比人说的雅格诺比语就是粟特语的后代，世代居住在山沟里的雅格诺比人应该是粟特人的孑遗。从雅格诺比人的Y染色体单倍型分布来看，R型大概占去一半，J型又占了三分之一左右。尽管历史上在丝绸之路上到处活动的粟特人，其Y染色体单倍型的分布大概不是这种边缘族群所能完整代表的，但就中亚各土著人群的Y染色体单倍型分布来看，R型和J型占了很高比例。

这里首先排除何姓、史姓、曹姓、石姓这样主体为中原原生姓氏的姓。相对这些姓来说，康姓就并无明显的上古华夏姓氏来源，按照道理，康姓人士的Y染色体单倍型分布情况应该和其他姓氏相差许多。这个推测并非毫无道理。康姓属于西欧亚类型，以及中亚常见的R、J等类型，总占比10%以上。在大部分中国姓氏中，这些Y染色体单倍型的占比不过2%左右。显然在历史上，康氏确实与西域相关。但是比起同为昭武九姓的安姓占比15%和米姓占比20%的分布，康氏的西欧亚类型Y染色体单倍型占比显然要低一些。这大概和宋朝初年的历史避讳有关。正如之前提到的，宋朝初年匡姓犯了宋太祖赵匡胤的名讳，导致大量的匡姓改姓康。匡氏是一个不折不扣的汉族姓氏，历史上几乎没有外族大规模改姓匡的。今天匡姓之所以人口相对较少就和这次大规模改姓分流密切相关。由于康氏本就早已深度融入中国社会，改姓后的康氏很快和原来的康姓人口混同。宋朝以后的康氏已经很难分清到底来自古代康居的胡姓还是匡氏所改，因此康氏父系祖先来自中亚胡人的比例就比安氏来得低一些，比起人口规模更小、更具特色的米姓比例就更加低了。

但就昭武九姓的现状看，历史上由于融合、通婚和可能存在的收养等缘故，今天九姓大部分成员的祖先应该还是数千年前就生活在中华大地的本地人。康、安、米这样起初主要来自粟特人的姓氏尚且如此，史、曹、石之类本就常见的汉姓，就更不用说了。文化上随着在华日久加之聚族而居的习惯渐渐瓦解，粟特人也最终被同化。譬如宋朝著名的书法家米芾，尽管是典型的昭武九姓，祖先可能是生活在奚人中的粟特人，但到了宋代以鬻熊后人和火正后人自居，已经完全丧失粟特特征了。又如2009年陕西韩城挖出过一座宋墓，坟墓只设置床榻不放棺材，墓主和夫人头发都是棕红色，很有可能是粟特移民后裔。红发的特征较为隐性，如果和深色头发的人结婚生子，子代的发色很容易丧失这一特征。因此这对夫妻从血统上讲，大概还是比较纯正的粟特移民。不过这一墓葬的壁画却有佛祖涅槃图，墓主信佛而非粟特人中占大头的祆教。壁画上人物还捧着朱砂丸药匣和医书《太平圣惠方》，可能显示墓主不以经商为业，反而转行成为中医了。

中古时期西域人入华并不单有粟特人，著名的龟兹国王室就使用过"帛"姓和"白"姓。一些龟兹入华的传法僧就使用过帛姓，譬如晋朝时的来华高僧帛尸梨蜜多罗就是帛姓，据传是龟兹国的王子，属于龟兹王族。白姓出现更加古老，东汉班超的龟兹侍子就有叫白霸的。

帛和白在古时本是同音字，现在演化为不同读音是因为bái是河北北京本地的读音，bó则是从南方引入的读音，多用于文读场合。"帛"因为是大多出现在书面场合所以使用了这个文读音。旧时"白"有文白两读，如李白的名字"白"以前就有读 bó 的，只是现在式微了。和"白"同音的"帛"大概只是龟兹白氏的一个异写。

白氏的起源可能是取姓时选取了龟兹城北边的白山。龟兹位于天山南麓，城北终年可见天山的皑皑白雪，因此以白为氏。从龟兹人自己的习惯来看，龟兹王室和入华后代在写姓的时候一直是写白的。

由于唐朝时龟兹白氏比较知名，甚至殃及了一些可能并非出自龟兹的白氏家族。其中一个典型的例子是白居易。白居易家是太原白氏，自述是战国名将白起之后。白起的祖先是楚王室的分支，因此太原白氏就是南方起源的北上家族。但是在唐朝当时，就已经有人质疑白居易家搞不好是西域龟兹国白氏出身。白居易生活的年代是安史之乱之后，唐人有一定的排外情绪，说人是胡人后代也算是行之有效的一种攻击手段。白居易的族弟白敏中仕途远远比白居易成功，一路做到了宰相，但是却曾经被崔慎由污为蕃人。就算白氏家族的亲朋好友也未能摆脱影响。白居易的墓志铭为李商隐所撰写，李商隐写到"公之世先，用谈说闻"，即白居易的先祖谱系有道听途说之嫌，并非很可靠，说明李商隐有可能也听信了白居易家族来自龟兹的道听途说，以至于对他自己给的家世不完全相信。

最要命的是，就连白家自家的女婿也会犯糊涂。白敏中曾经先后把两个女儿嫁给了皇甫炜。第二次结婚的夫人白氏的墓志已经被发现，墓志铭正是由皇甫炜撰文。在为妻子追溯祖宗的丰功伟绩时，皇甫炜提到了妻子祖先里有个叫白孝德的人。从碑文"暨我唐受命，孝德以破虏安边"来看，应该是一位武将。唐朝曾经有个来自龟兹的蕃将白孝德，是龟兹国王的长子，参与平定安史之乱。破虏安边的应该就是这位白孝德。这位白氏夫人是白居易的族侄女，和白居易当然是一家人了，在白氏家族的女婿看来，自己妻子的家族竟然是龟兹国移民。

出现这种认知可能是因为白居易的曾祖白温字孝德，这个字和白孝德的名正好重合。皇甫炜在吹嘘自己妻族身世时，不当心把妻子家族的先人白孝德和龟兹王子白孝德搞混了。实际上，龟兹王子白孝德作为第一代入华的龟兹人，不大可能和近几代谱系较为严密的白居易家族是近亲关系。白孝德比白温年轻许多，甚至白居易的祖父白锽也比龟兹王子白孝德要年长大约8岁，由于白敏中的曾祖父也是白温，如果一定要认为龟兹白孝德是白氏家族的祖先，则他只能是白居易祖父弟弟之类的人物，即白孝德是白温的弟弟，这显然和白孝德的实际经历不符。可见，至少在近几代白氏家族和龟兹王子白孝德没有很直接的关系。只是白居易家族自身经历略为可疑，白敏中还曾经作诗自况"十姓胡中第六胡"（此事记载于五代时期的文献，未必完全可靠），导致从好友到政敌到女婿都把这家和龟兹白氏联系起来了。亦或许这支白氏远祖确实是龟兹白氏，无论如何都可见中古时期龟兹白氏的影响力。

此时西域另一个王国，于阗王国也和唐朝交往密切。于阗王国王室异常稳定。至少从东汉开始到1006年被喀喇汗征服前长达一千年的时间里国王始终出自一个家族。与他们的粟特亲戚不同，这个极端长寿的王室有着自己本土的姓氏Viśa。

于阗王国笃信大乘佛教，是西域重要的佛教据点。于阗王族本土使用的姓氏其实是一个来自梵语的词Vijaya，意思为"胜利"，在于阗语中稍有音变。Vijaya成为王姓显然是信仰佛教之后的结果，早期于阗王室姓什么或者有没有姓已经不可考。在历史上受到印度文化影响的地区，使用这个吉祥的词做地名或者人名还是相当常见的。

Viśa家族统治下的于阗和中原地区向来互通有无，在一些历史时期和敦煌有尤为密切的联系。因此Viśa必须有一个汉语翻译。这个姓氏的音译最早出现在隋朝，当时出现了一个纯粹的音译版本——卑示，这个早期版本使用不久之后，大概是因为选取的汉字意思实在太差，于阗人更改了王姓的音译用字，从卑示改成了尉迟或者伏阇。起初这个姓氏翻译比较摇摆，于阗王有的姓尉迟有的姓伏阇。中唐之后，于阗王室可能觉得伏阇这个基本只见于于阗人的姓氏太过特立独行，因此于阗王姓尉迟姓的译法开始固定下来。尉迟姓虽然也算不得什么大姓，不过唐朝开国功臣之一尉迟敬德就姓尉迟，后来尉迟敬德还演化为门神，影响力自然不是伏阇这样的于阗专用姓氏可比的，因此后来于阗国的汉姓逐渐稳定为尉迟氏。

不过这里又出现了此尉迟非彼尉迟的问题。真正的尉迟姓其实是鲜卑来源的姓，尉迟敬德的先祖也正是在北魏为官的鲜卑人。鲜卑人是说蒙古语系语言的草原牧民，和于阗人说伊朗语的绿洲农民很不一样。作为鲜卑姓氏的尉迟到底什么意思，至今也尚未破解，不像于阗的尉迟姓很明确就是梵语胜利之意。但是到了唐朝，尉迟姓的外来色彩已经淡化，没有谁会认为尉迟敬德不是唐人，因此于阗人就利用了这个读音恰好接近于阗王室的本来的姓氏，并且赋予了它崭新的含义。再后来，于阗王室则把汉姓改为李氏，这当然是在模仿唐朝皇室的姓氏了。

（全书完）

中国人的姓氏

作者 _ 郑子宁

编辑 _ 石祎睿　　装帧设计 _ 文薇　　主管 _ 王光裕
技术编辑 _ 顾逸飞　　责任印制 _ 刘淼　　出品人 _ 贺彦军

营销团队 _ 毛婷 石敏　　物料设计 _ 文薇

果麦
www.goldmye.com

以 微 小 的 力 量 推 动 文 明

图书在版编目（CIP）数据

中国人的姓氏 / 郑子宁著. -- 上海：上海文化出版社, 2025.5. -- ISBN 978-7-5535-3182-3

Ⅰ. K810.2

中国国家版本馆CIP数据核字第2025SS9774号

出 版 人：姜逸青
责任编辑：郑　梅
特约编辑：石祎睿
装帧设计：文　薇

书　名：中国人的姓氏
作　者：郑子宁
出　版：上海世纪出版集团　上海文化出版社
地　址：上海市闵行区号景路159弄A座2楼　201101
发　行：果麦文化传媒股份有限公司
印　刷：北京盛通印刷股份有限公司
开　本：880mm×1230mm　1/32
印　张：7.25
字　数：121千字
印　次：2025年5月第1版　2025年5月第1次印刷
印　数：1—8,000
书　号：ISBN 978-7-5535-3182-3/K.346
定　价：55.00元

如发现印装质量问题，影响阅读，请联系021—64386496调换。